• 아가페 영어 성경 쓰기 시리즈 •

영어 성경
요한복음 쓰기

쉬운성경 · NIV™

KB192645

John

AGAPE
[주]아가페출판사

이와 같이 하나님께서는 세상을 사랑하여 독생자를 주셨다.
이는 누구든지 그의 아들을 믿는 사람은
멸망하지 않고 영생을 얻게 하려 하심이다.

– 요한복음 3:16, 쉬운성경 –

For God so loved the world that he gave his one and only Son,
that whoever believes in him
shall not perish but have eternal life.

– John 3:16, NIV™ –

영어성경 요한복음 쓰기를 시작하시는 분들께

1. 기도로 시작하세요.

   한 글자 한 글자를 쓰는 동안, 언어를 뛰어넘어 살아있는 하나님의 말씀이
   내 안에 들어올 수 있도록 기도합니다.

2. 말씀의 의미를 마음에 새기면서 쓰세요.

   단순히 영어로 한번 쓰는 것이 목적이 아닙니다.
   말씀의 의미를 이해하면서 써나갈 수 있도록 주의를 기울이세요.
   모르는 영단어는 하단의 단어설명과 사전을 참고해주세요.

3. 다 쓰고 나면 꼭 말씀을 묵상하세요.

   묵상이란 말씀을 깊이 생각하면서 내 것으로 만드는 시간입니다.
   쓰기를 마친 후에는 말씀이 내게 주시는 깨달음에 대해 묵상하는 시간을 꼭 가지세요.

4. 적당한 분량을 정해놓고 매일 꾸준히 쓰세요.

   한꺼번에 많은 양을 쓰려고 하지 마세요.
   적당한 분량을 매일 꾸준히 쓰는 것이 중요합니다.

저자와 저작 연대, 장소

저자가 자신의 이름을 밝히고 있지는 않으나, 보통 '예수께서 사랑하시는 제자'(21:20, 23-24)와 동일한 인물, 다시 말해 세베대의 아들 사도 요한이 기록한 것으로 추정합니다. 요한은 A.D. 95년경에 에베소에서 밧모 섬으로 유배되었습니다. 전승에 의하면 당시 그는 에베소에서 설교하고 가르치며 저작 활동을 했다고 합니다. 따라서 유배 전인 A.D. 80-90년경, 에베소에서 요한복음을 기록했다는 것이 학자들의 일반적인 견해입니다.

기록 대상과 목적

요한복음은 신앙의 박해를 겪는 유대인 출신 그리스도인들이 예수님이 하나님의 아들이심을 계속해서 믿도록 격려하기 위해 기록되었습니다. 또한 헬라 철학에 익숙한 이방인과 영지주의 이단에게 예수님의 완전한 신성과 인성을 확증하여, 그들이 예수님이 하나님의 아들이심을 믿게 하기 위해 기록하였습니다.

특징

요한복음에서는 예수님 자신에 관한 것과 예수님과 하나님과의 관계, 특히 '영생'을 주제로 한 예수님의 긴 강론이 자주 등장합니다. 또한 '나는 …이다'라는 표현으로 예수님이 직접 자신의 정체성을 소개합니다. 이는 요한복음의 기록 목적과 관련된 특징입니다. 요한은 완전한 사람이자 완전한 신인 하나님의 아들 예수님을 믿음으로 하나님의 자녀가 되는 자격을 얻으며 영원한 생명을 얻는다는 사실을 강조합니다. 그 때문에 예수님이 누구신가를 드러내는 사건과 말씀이 중점적으로 기록되어 있습니다.

핵심어 및 내용

요한복음의 핵심어는 '말씀'과 '생명'과 '믿음'입니다. 태초부터 말씀으로 계셨던 예수님은 육신을 입고 하나님의 어린양이 되어 이 땅에 오셨습니다. 영원한 생명을 얻기 위해서는 예수님을 믿어야 합니다.

한글 성경 본문은 아가페 쉬운성경, 영어 성경 본문은 NIV™를 수록하였습니다.

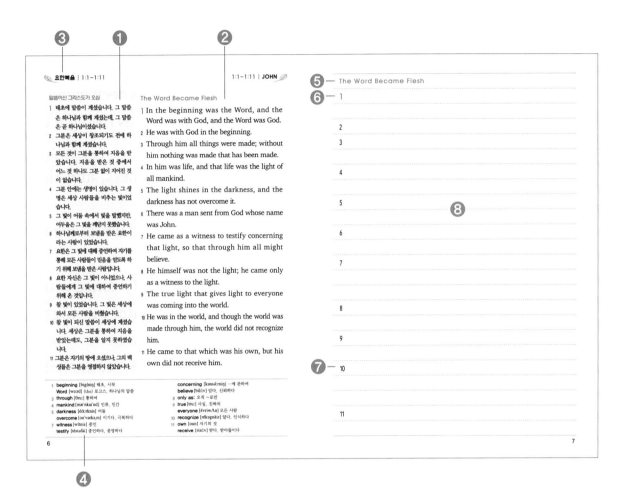

1. 아가페 쉬운성경
2. NIV™
3. 페이지에 해당하는 장, 절 표기
4. 주요 영단어 뜻풀이 및 발음기호

5. 소제목 수록
6. 장 숫자 수록
7. 절 숫자 수록
8. 필사 페이지
 −왼쪽 NIV™ 본문과 장·절 구성이 동일합니다.
 −영어 본문을 보시며 한 줄씩 똑같이 쓰시면 됩니다.

※ 필사 페이지의 경우, 간혹 하단에 1행의 여백이 생길 수 있음을 밝힙니다.

말씀이신 그리스도가 오심

1 태초에 말씀이 계셨습니다. 그 말씀은 하나님과 함께 계셨는데, 그 말씀은 곧 하나님이셨습니다.

2 그분은 세상이 창조되기도 전에 하나님과 함께 계셨습니다.

3 모든 것이 그분을 통하여 지음을 받았습니다. 지음을 받은 것 중에서 어느 것 하나도 그분 없이 지어진 것이 없습니다.

4 그분 안에는 생명이 있습니다. 그 생명은 세상 사람들을 비추는 빛이었습니다.

5 그 빛이 어둠 속에서 빛을 발했지만, 어두움은 그 빛을 깨닫지 못했습니다.

6 하나님께로부터 보냄을 받은 요한이라는 사람이 있었습니다.

7 요한은 그 빛에 대해 증언하여 자기를 통해 모든 사람들이 믿음을 얻도록 하기 위해 보냄을 받은 사람입니다.

8 요한 자신은 그 빛이 아니었으나, 사람들에게 그 빛에 대하여 증언하기 위해 온 것입니다.

9 참 빛이 있었습니다. 그 빛은 세상에 와서 모든 사람을 비췄습니다.

10 참 빛이 되신 말씀이 세상에 계셨습니다. 세상은 그분을 통하여 지음을 받았는데도, 그분을 알지 못하였습니다.

11 그분은 자기의 땅에 오셨으나, 그의 백성들은 그분을 영접하지 않았습니다.

The Word Became Flesh

1 In the beginning was the Word, and the Word was with God, and the Word was God.

2 He was with God in the beginning.

3 Through him all things were made; without him nothing was made that has been made.

4 In him was life, and that life was the light of all mankind.

5 The light shines in the darkness, and the darkness has not overcome it.

6 There was a man sent from God whose name was John.

7 He came as a witness to testify concerning that light, so that through him all might believe.

8 He himself was not the light; he came only as a witness to the light.

9 The true light that gives light to everyone was coming into the world.

10 He was in the world, and though the world was made through him, the world did not recognize him.

11 He came to that which was his own, but his own did not receive him.

---

1 **beginning** [bigíniŋ] 태초, 시작
  Word [wə:rd] (the) 로고스, 하나님의 말씀
3 **through** [θru:] 통하여
4 **mankind** [mæ'nkai'nd] 인류, 인간
5 **darkness** [dá:rknis] 어둠
  overcome [ou'vərkə,m] 이기다, 극복하다
7 **witness** [wítnis] 증인
  testify [téstəfài] 증언하다, 증명하다

　concerning [kənsə́:rniŋ] …에 관하여
　believe [bilí:v] 믿다, 신뢰하다
8 **only as:** 오직 ~로만
9 **true** [tru:] 사실, 진짜의
　everyone [évriwʌn] 모든 사람
10 **recognize** [rékəgnàiz] 알다, 인식하다
11 **own** [oun] 자기의 것
　receive [risí:v] 받다, 받아들이다

The Word Became Flesh

1

2

3

4

5

6

7

8

9

10

11

12 그러나 누구든지 그분을 영접하는 사람들, 그분의 이름을 믿는 사람들에게는 하나님의 자녀가 되는 자격을 주셨습니다.

13 좋은 가문에 태어난 사람들만 하나님의 자녀가 되는 것이 아닙니다. 또한 어떤 사람들의 계획이나 바람에 의해서, 그리고 그들의 조상으로 말미암아 하나님의 자녀가 된 것도 아닙니다. 다만, 그들은 하나님 자신이 그들의 아버지라는 사실 때문에 하나님의 자녀가 된 것입니다.

14 말씀이 사람이 되셔서, 우리 가운데에서 사셨습니다. 우리는 그분의 영광을 보았습니다. 그 영광은 오직 아버지의 독생자만이 가질 수 있는 영광이었습니다. 그 말씀은 은혜와 진리로 충만해 있었습니다.

15 요한이 그분에 대해서 증언하며 외쳤습니다. "내가 전에 '내 뒤에 오시는 분이 계시는데 그분이 나보다 더 위대하신 것은, 내가 태어나기 전에 존재하셨기 때문이다'라고 말했는데, 이분이 바로 내가 말한 그분이다."

16 그분의 충만하신 것에서 우리 모두는 넘치는 은혜를 받았습니다.

17 그것은 율법이 모세를 통해 주어졌지만, 은혜와 진리는 예수 그리스도를 통하여 왔기 때문입니다.

18 지금까지 하나님을 본 사람은 아무도 없었습니다. 그러나 하나님이시며, 아버지 곁에 계시던 독생자이신 분이 우리에게 하나님이 어떤 분이신지를 알려

12 Yet to all who did receive him, to those who believed in his name, he gave the right to become children of God–

13 children born not of natural descent, nor of human decision or a husband's will, but born of God.

14 The Word became flesh and made his dwelling among us. We have seen his glory, the glory of the one and only Son, who came from the Father, full of grace and truth.

15 (John testified concerning him. He cried out, saying, "This is the one I spoke about when I said, 'He who comes after me has surpassed me because he was before me.'")

16 Out of his fullness we have all received grace in place of grace already given.

17 For the law was given through Moses; grace and truth came through Jesus Christ.

18 No one has ever seen God, but the one and only Son, who is himself God and is in closest relationship with the Father,

---

12 **yet** [jet] 그러나, 아직
13 **natural** [nǽtʃərəl] 타고난, 자연의
   descent [disént] 혈통
   decision [disíʒən] 결정, 판단
   husband [hʌ́zbənd] 남편
14 **flesh** [fleʃ] 살, 육체
   dwelling [dwéliŋ] 거주지, 주거
   among [əmʌ́ŋ] 사이에, 가운데

glory [glɔ́:ri] 영광
grace [greis] 은혜
15 **surpass** [sərpǽs] 넘어서다, 능가하다
16 **fullness** [fúlnis] 충만, 충분
   already [ɔ:lrédi] 이미, 완전히
17 **law** [lɔ:] 법, 법률
18 **closest** [klouˈsəst] 가장 가까운
   relationship [rileiˈʃənʃip] 관계

12

13

14

15

16

17

18

주셨습니다.

세례자 요한의 증언

19 요한이 증언한 내용은 이렇습니다. 예루살렘에 사는 유대인들이 제사장과 레위인 몇 사람을 요한에게 보내어 "당신은 누구십니까?"라고 묻게 했습니다.

20 요한은 그 질문에 거절하지 않고 대답했습니다. 그는 분명하게 말했습니다. "나는 그리스도가 아닙니다."

21 그러자 그 사람들이 요한에게 물었습니다. "그럼 도대체 당신은 누구십니까? 엘리야입니까?" 요한이 대답했습니다. "아니오, 나는 엘리야가 아닙니다." 그러자 그 사람들이 물었습니다. "장차 오시기로 한 그 예언자입니까?" 요한은 또 대답했습니다. "아닙니다."

22 그러자 그들이 요한에게 말하였습니다. "그렇다면 당신은 누구십니까? 우리는 우리를 보낸 사람들에게 보고해야 합니다. 대답해 주십시오. 당신은 자신을 무엇이라고 생각하십니까?"

23 요한은 그 사람들에게 이사야 선지자의 말씀을 인용하여 대답했습니다. "나는 광야에서 '주님을 위하여 길을 곧게 만들어라' 하고 외치는 사람의 소리입니다."

24 보냄을 받은 유대 사람들 중에는 바리새인이 보낸 사람이 있었습니다.

25 그 사람들이 요한에게 물었습니다. "당신이 그리스도도 아니고, 엘리야도 아니고, 예언자도 아니라면 왜 사람들에게 세례를 줍니까?"

26 요한이 대답했습니다. "나는 사람들에

has made him known.

John the Baptist Denies Being the Messiah

19 Now this was John's testimony when the Jewish leaders in Jerusalem sent priests and Levites to ask him who he was.

20 He did not fail to confess, but confessed freely, "I am not the Messiah."

21 They asked him, "Then who are you? Are you Elijah?" He said, "I am not." "Are you the Prophet?" He answered, "No."

22 Finally they said, "Who are you? Give us an answer to take back to those who sent us. What do you say about yourself?"

23 John replied in the words of Isaiah the prophet, "I am the voice of one calling in the wilderness, 'Make straight the way for the Lord.'"

24 Now the Pharisees who had been sent

25 questioned him, "Why then do you baptize if you are not the Messiah, nor Elijah, nor the Prophet?"

26 "I baptize with water," John replied, "but among you stands one you do not know.

27 He is the one who comes after me, the

19 testimony [téstəmòuni] 증언
Jewish [dʒúːiʃ] 유대인의
priest [priːst] 성직자, 제사장
Levite [líːvait] 레위인
20 confess [kənfés] 인정하다, 고백하다
freely [fríːli] 기꺼이, 자유롭게
Messiah [misáiə] 구세주, 메시아
21 Elijah [iláidʒə] 엘리야

answer [ǽnsər] 답하다
23 reply [riplái] 대답하다
Isaiah [aizéiə] 이사야
prophet [práfit] (the) 선지자
wilderness [wíldərnis] 광야, 황야
straight [streit] 똑바로, 곧은
24 Pharisee [fǽrisìː] 바리새인
25 baptize [bæptáiz] 세례를 베풀다

John the Baptist Denies Being the Messiah

19

20

21

22

23

24

25

26

27

게 물로 세례를 줍니다. 그러나 여러분 가운데 여러분이 알지 못하는 한 사람이 서 계십니다.

27 그분은 내 뒤에 오시는 분이지만, 나는 그분의 신발끈을 풀 자격도 없는 사람입니다."

28 이 모든 것은 요한이 세례를 주던 요단 강 동편, 베다니에서 일어난 일이었습니다.

하나님의 어린 양

29 다음 날, 요한은 자기에게 오시는 예수님을 보고 이렇게 말했습니다. "보십시오. 세상 죄를 지고 가시는 하나님의 어린양이십니다.

30 이분이 바로 내가 '내 뒤에 오시지만, 그분이 나보다 더 위대하신 것은 내가 태어나기 전에 존재하셨기 때문이다'라고 말했던 분입니다.

31 나도 이분이 누구신지를 알지 못했습니다. 그러나 내가 물로 세례를 주러 온 이유는 이분을 이스라엘 백성들에게 알리기 위해서입니다."

32 또 요한이 증거했습니다. "나는 성령께서 비둘기처럼 하늘로부터 내려와 그분 위에 머물러 계신 것을 보았습니다.

33 나 역시 그분이 그리스도이신 것을 알지 못하였습니다. 그러나 나를 보내어 물로 세례를 주라고 하신 분이 '너는 그 어떤 사람에게 성령이 내려와 그 위에 머무르는 것을 보면, 그 사람이 성령으로 세례를 주실 바로 그분인 줄 알아라' 하고 말씀하셨습니다.

34 나는 그분이 하나님의 아들이신 것을

straps of whose sandals I am not worthy to untie."

28 This all happened at Bethany on the other side of the Jordan, where John was baptizing.

John Testifies About Jesus

29 The next day John saw Jesus coming toward him and said, "Look, the Lamb of God, who takes away the sin of the world!

30 This is the one I meant when I said, 'A man who comes after me has surpassed me because he was before me.'

31 I myself did not know him, but the reason I came baptizing with water was that he might be revealed to Israel."

32 Then John gave this testimony: "I saw the Spirit come down from heaven as a dove and remain on him.

33 And I myself did not know him, but the one who sent me to baptize with water told me, 'The man on whom you see the Spirit come down and remain is the one who will baptize with the Holy Spirit.'

34 I have seen and I testify that this is God's

---

27 strap [stræp] 끈
be worthy to A: A할 만한 가치가 있다
untie [ʌntai'] 풀다
28 happen [hǽpən] 일어나다, 발생하다
other side: 다른 쪽
29 toward [tɔ:rd] 쪽으로, 향하여
the Lamb: 하나님의 어린양, 그리스도
sin [sin] 죄, 죄를 짓다

30 surpass [sərpǽs] 넘어서다, 능가하다
31 reveal [rivíːl] 드러내다, 보여주다
32 testimony [téstəmòuni] 증언
heaven [hévən] 하늘, 천국
dove [dʌv] 비둘기
remain [riméin] 머무르다, 남다
33 Holy Spirit: 성령
34 testify [téstəfài] 증언하다, 증명하다

28

John Testifies About Jesus

29

30

31

32

33

34

보았고, 그분이 바로 하나님의 아들이라
고 증언하였습니다."

예수님의 첫 제자들

35 그 다음 날, 요한은 제자 두 사람과 함
께 다시 그 자리에 서 있었습니다.

36 그는 예수님께서 지나가시는 것을 보고
말했습니다. "보라, 하나님의 어린 양
이시다."

37 제자 두 사람은 요한이 이렇게 말하는 것
을 듣고 예수님을 따라갔습니다.

38 예수님께서는 몸을 돌려 자기를 따라오
는 두 사람을 돌아보며 물으셨습니다. "원
하는 것이 무엇이냐?" 그들은 "랍비님, 사
시는 곳이 어디입니까?"라고 말했습니다
('랍비'라는 말은 '선생'이라는 뜻입니다).

39 예수님께서는 "와서, 보아라" 하고 대답
하셨습니다. 그래서 두 사람은 예수님과
함께 갔습니다. 그들은 예수님께서 머무
르시는 곳을 보았고, 그날, 예수님과 함
께 그곳에서 지냈습니다. 때는 오후 4시
쯤이었습니다.

40 요한에게서 예수님에 대한 이야기를 듣고
예수님을 따른 두 제자 중 한 사람은 시
몬 베드로의 동생 안드레였습니다.

41 안드레가 첫 번째 한 일은 그의 형 시몬
을 찾은 일이었습니다. 그는 시몬에게
"우리가 메시아를 찾았어"라고 말했습
니다('메시아'란 '그리스도'를 가리키는
말입니다).

42 그리고 나서 안드레는 시몬을 예수님께
데려왔습니다. 예수님께서는 시몬을 보

Chosen One."

John's Disciples Follow Jesus

35 The next day John was there again with
two of his disciples.

36 When he saw Jesus passing by, he said,
"Look, the Lamb of God!"

37 When the two disciples heard him say this,
they followed Jesus.

38 Turning around, Jesus saw them following
and asked, "What do you want?" They
said, "Rabbi" (which means "Teacher"),
"where are you staying?"

39 "Come," he replied, "and you will see." So
they went and saw where he was staying,
and they spent that day with him. It was
about four in the afternoon.

40 Andrew, Simon Peter's brother, was one
of the two who heard what John had said
and who had followed Jesus.

41 The first thing Andrew did was to find
his brother Simon and tell him, "We have
found the Messiah" (that is, the Christ).

42 And he brought him to Jesus. Jesus looked
at him and said, "You are Simon son of

---

34 **Chosen** [tʃóuzn] (하나님에 의하여) 선택된
35 **disciple** [disáipl] 제자
36 **passing by:** 지나가다
   the Lamb: 하나님의 어린양, 그리스도
37 **hear** [hiər] 듣다
   follow [fálou] 따르다, 좇다
38 **turn around:** 돌아보다
   rabbi [raébai] 랍비, 유대인 율법학자

stay [stei] 머무르다, 지내다
39 **reply** [riplái] 대답하다
   spend [spend] 보내다
   afternoon [æ,ftərnu'n] 오후
41 **Messiah** [misáiə] 구세주, 메시아
   Christ [kraist] 그리스도, 구세주
42 **bring A to B:** A를 B에게 가져다 주다
   look at: 보다, 살펴보다

John's Disciples Follow Jesus

35

36

37

38

39

40

41

42

시고 "네가 요한의 아들 시몬이구나. 이제 너를 게바라고 부르겠다"라고 말씀하셨습니다('게바'란 '베드로'란 뜻입니다).

빌립과 나다나엘을 부르심

43 다음 날, 예수님께서는 갈릴리로 가기를 원하셨습니다. 예수님께서는 빌립을 만나시자 그에게 "나를 따라오너라" 하고 말씀하셨습니다.

44 빌립은 안드레와 베드로와 같은 동네인 벳새다 사람이었습니다.

45 빌립은 나다나엘을 만나고는 그에게 이렇게 말했습니다. "모세가 율법책에 썼고, 예언자들도 기록한 그분을 우리가 찾았다. 나사렛 사람 요셉의 아들 예수님이 바로 그분이시다."

46 그러나 나다나엘은 빌립에게 "나사렛에서 뭐 좋은 것이 나올 수 있겠는가?"라고 말했습니다. 빌립은 "와서 보아라" 하고 대답했습니다.

47 예수님께서는 나다나엘이 자기에게 오는 것을 보시고, "여기 참 이스라엘 사람이 있다. 이 사람에게는 거짓된 것이 하나도 없다"라고 말씀하셨습니다.

48 나다나엘은 예수님께 "저를 어떻게 아십니까?" 하고 물었습니다. 예수님께서 대답하셨습니다. "빌립이 너를 부르기 전, 네가 무화과나무 아래에 있는 것을 내가 보았다."

49 나다나엘은 예수님께 "선생님, 당신은 하나님의 아들이시며, 이스라엘

John. You will be called Cephas" (which, when translated, is Peter).

Jesus Calls Philip and Nathanael

43 The next day Jesus decided to leave for Galilee. Finding Philip, he said to him, "Follow me."

44 Philip, like Andrew and Peter, was from the town of Bethsaida.

45 Philip found Nathanael and told him, "We have found the one Moses wrote about in the Law, and about whom the prophets also wrote–Jesus of Nazareth, the son of Joseph."

46 "Nazareth! Can anything good come from there?" Nathanael asked. "Come and see," said Philip.

47 When Jesus saw Nathanael approaching, he said of him, "Here truly is an Israelite in whom there is no deceit."

48 "How do you know me?" Nathanael asked. Jesus answered, "I saw you while you were still under the fig tree before Philip called you."

49 Then Nathanael declared, "Rabbi, you are the Son of God; you are the king of Israel."

---

42 **be called**: ~로 불리다
43 **decide** [disáid] 결정하다, 하기로 하다
　leave [li:v] 떠나다, 출발하다
45 **Law** [lɔ:] (the) 율법
　prophet [práfit] (the) 선지자
46 **anything** [éniθìŋ] 어느 것이든, 아무것도
47 **approach** [əpróutʃ] 다가오다, 접근하다
　say of: ~에 대해 약간 말하다

　truly [trú:li] 진정, 진실로
　Israelite [ízriəlàit] 이스라엘인, 하나님의 선민
　deceit [disí:t] 속임, 사기
48 **while** [hwail] …동안에
　still [stil] 아직, 아직도
　fig tree: 무화과나무
49 **declare** [diklɛ́ər] 선언하다, 말하다
　rabbi [ræbai] 랍비, 유대인 율법학자

Jesus Calls Philip and Nathanael

43

44

45

46

47

48

49

의 왕이십니다"라고 대답했습니다.

50 예수님께서는 나다나엘에게 "네가 무화과나무 아래에 있는 것을 내가 보았다고 말해서 나를 믿느냐? 그러나 너는 그것보다 더 큰일을 보게 될 것이다"라고 대답하셨습니다.

51 그리고 그들에게 "내가 너희에게 진리를 말한다. 너희는 하늘이 열리고 하나님의 천사들이 인자 위에서 오르락내리락하는 것을 보게 될 것이다"라고 말씀하셨습니다.

가나에서 열린 결혼식

2 삼 일째 되던 날에 갈릴리에 있는 가나라는 마을에서 결혼식이 열렸습니다. 예수님의 어머니도 결혼식에 참석하였고,

2 예수님과 그분의 제자들도 결혼식에 초대받았습니다.

3 포도주가 바닥났을 때, 예수님의 어머니가 예수님께 "이 집의 포도주가 다 떨어졌구나"라고 말해 주었습니다.

4 예수님께서는 "어머니, 왜 저에게 이런 부탁을 하십니까? 저의 때가 아직 오지 않았습니다"라고 대답하셨습니다.

5 예수님의 어머니는 하인들에게 "그분이 시키시는 일은 무엇이든지 하여라" 하고 말해 두었습니다.

6 그 집에는 돌로 만든 물 항아리가 여섯 개 있었습니다. 이 항아리는 유대인들이 정결 예식에 사용하는 항아리들이었습니다. 그것은 각각 물 두세 동이를 담을 수

50 Jesus said, "You believe because I told you I saw you under the fig tree. You will see greater things than that."

51 He then added, "Very truly I tell you, you will see 'heaven open, and the angels of God ascending and descending on' the Son of Man."

Jesus Changes Water Into Wine

2 On the third day a wedding took place at Cana in Galilee. Jesus' mother was there,

2 and Jesus and his disciples had also been invited to the wedding.

3 When the wine was gone, Jesus' mother said to him, "They have no more wine."

4 "Woman, why do you involve me?" Jesus replied. "My hour has not yet come."

5 His mother said to the servants, "Do whatever he tells you."

6 Nearby stood six stone water jars, the kind used by the Jews for ceremonial washing, each holding from twenty to thirty gallons.

7 Jesus said to the servants, "Fill the jars with water"; so they filled them to the

51 **add** [æd] 덧붙이다, 추가하다
truly [trúːli] 진정, 진실로
ascending [əséndiŋ] 오르는, 올라가는
descending [diséndiŋ] 하강하는, 내려가는
1 **wedding** [wédiŋ] 결혼
take place: 열리다, 개최되다
2 **disciple** [disáipl] 제자
invite [inváit] 초대하다, 초청하다

4 **involve** [inválv] 관련되다, 연루되다
reply [riplái] 대답하다
5 **servant** [sə́ːrvənt] 하인, 종
whatever [hwʌtévər] 무엇이든
6 **nearby** [nìərbái] 근처에, 주변에
jar [dʒɑːr] 항아리, 단지
ceremonial [sèrəmóuniəl] 의식, 예식
gallon [gǽlən] 갤런, 액체량 단위

50

51

Jesus Changes Water Into Wine

2

2

3

4

5

6

7

있는 항아리였습니다.

7 예수님께서 하인들에게 "항아리에 물을 채워라" 하고 말씀하셨습니다. 하인들은 항아리에 물을 가득 채웠습니다.

8 그러자 예수님께서는 그들에게 "자, 이제 그것을 퍼다가 잔치를 주관하는 사람에게 갖다 주어라" 하고 말씀하셨습니다. 하인들은 물을 떠서 잔치를 주관하는 사람에게 갖다 주었습니다.

9 하인이 떠다 준 물을 잔치를 주관하는 사람이 맛보았을 때, 그 물은 포도주가 되어 있었습니다. 그는 그 포도주가 어디서 난 것인지 알지 못하였지만, 물을 가져온 하인들은 알고 있었습니다. 잔치를 주관하는 사람은 신랑을 불렀습니다.

10 그리고 그에게 "사람들은 항상 처음에 좋은 포도주를 내놓고, 손님들이 취한 다음에는 값싼 포도주를 내놓는 법인데, 당신은 지금까지 가장 좋은 포도주를 보관하고 계셨군요" 하고 말하였습니다.

11 예수님께서는 이 첫 번째 표적을 갈릴리 가나에서 행하셨으며, 거기서 그의 영광을 보여주셨습니다. 그러자 그의 제자들이 그를 믿게 되었습니다.

12 이 일이 있은 후, 예수님께서는 그의 어머니와 형제들과 제자들과 함께 가버나움이라는 마을로 가서 며칠 동안, 머무르셨습니다.

성전을 깨끗하게 하심

13 유대의 명절인 유월절이 가까워 오자, 예수님께서는 예루살렘으로 올라가셨습니다.

brim.

8 Then he told them, "Now draw some out and take it to the master of the banquet." They did so,

9 and the master of the banquet tasted the water that had been turned into wine. He did not realize where it had come from, though the servants who had drawn the water knew. Then he called the bridegroom aside

10 and said, "Everyone brings out the choice wine first and then the cheaper wine after the guests have had too much to drink; but you have saved the best till now."

11 What Jesus did here in Cana of Galilee was the first of the signs through which he revealed his glory; and his disciples believed in him.

12 After this he went down to Capernaum with his mother and brothers and his disciples. There they stayed for a few days.

Jesus Clears the Temple Courts

13 When it was almost time for the Jewish Passover, Jesus went up to Jerusalem.

7 brim [brim] 가득 붓다
8 draw [drɔ:] 퍼내다
  banquet [bǽŋkwit] 연회, 축하연
9 taste [teist] 맛보다
  turn into: 바뀌다, 변하다
  realize [rí:əlàiz] 깨닫다, 알다
  bridegroom [bráidgrù:m] 신랑
10 cheap [tʃi:p] 싼, 저렴한

  guest [gest] 손님, 하객
11 sign [sain] 표시, 기적
  reveal [rivíːl] 드러내다, 보여주다
  disciple [disáipl] 제자
12 a few: 조금, 약간
13 almost [ɔ́:lmoust] 거의
  Jewish [dʒúːiʃ] 유대인의
  Passover [pǽ'sou‚vər] 유월절

8

9

10

11

12

Jesus Clears the Temple Courts

13

14 예수님께서는 성전 뜰 안에서 소와 양과 비둘기를 팔고 있는 사람들과 또 상에 앉아서 돈을 바꿔 주는 사람들을 보셨습니다.

15 예수님께서는 끈으로 채찍을 만들어 양과 소를 비롯하여 모든 짐승을 성전 뜰에서 쫓아내셨습니다. 예수님께서는 돈 바꾸는 사람들의 상을 뒤엎으시고, 그 사람들의 돈을 흩트리셨습니다.

16 그리고 비둘기를 파는 사람들에게 명령하셨습니다. "이것들을 여기서 치워라! 내 아버지의 집을 시장터로 만들지 마라!"

17 이때, 제자들은 성경에 "주님의 집에 대한 나의 열심이 불처럼 나를 삼켜 버렸다"라고 기록된 것을 생각하였습니다.

18 유대인들은 예수님께 "당신은 당신에게 이런 일들을 행할 권리가 있다는 것을 증명할 무슨 표적을 행할 수 있습니까?" 하고 물었습니다.

19 예수님께서는 "이 성전을 허물어라. 그러면 내가 삼 일 만에 이것을 다시 세우겠다"라고 대답하셨습니다.

20 그러자 유대인들은 "이 성전을 건축하는 데 사십육 년이 걸렸는데, 당신이 삼 일 만에 다시 세우겠다는 겁니까?"라고 반문했습니다.

21 그러나 예수님께서 말씀하신 성전은 그분 자신의 몸을 가리키는 것이었습니다.

22 예수님께서 죽은 자들 가운데서 부활하신 후에, 그분의 제자들은 예수님께

14 In the temple courts he found people selling cattle, sheep and doves, and others sitting at tables exchanging money.

15 So he made a whip out of cords, and drove all from the temple courts, both sheep and cattle; he scattered the coins of the money changers and overturned their tables.

16 To those who sold doves he said, "Get these out of here! Stop turning my Father's house into a market!"

17 His disciples remembered that it is written: "Zeal for your house will consume me."

18 The Jews then responded to him, "What sign can you show us to prove your authority to do all this?"

19 Jesus answered them, "Destroy this temple, and I will raise it again in three days."

20 They replied, "It has taken forty-six years to build this temple, and you are going to raise it in three days?"

21 But the temple he had spoken of was his body.

22 After he was raised from the dead, his disciples recalled what he had said. Then

---

14 **temple** [témpl] (the) 성전
court [kɔːrt] 뜰, 안 뜰
cattle [kǽtl] 소
exchange [ikstʃéindʒ] 교환, 바꾸다
15 **whip** [hwip] 채찍질하다
cord [kɔːrd] 끈, 노끈
both A and B: A와 B 둘 다
scatter [skǽtər] 흩어버리다, 분산시키다

overturn [ouˈvərtərˌn] 뒤집다
17 **zeal** [ziːl] 열의, 열심, 열정
consume [kənsúːm] (질투 등에) 사로잡히다
18 **respond** [rispánd] 반응하다, 응답하다
prove [pruːv] 증명하다, 입증하다
authority [əθɔ́ːrəti] 권위, 권한
19 **destroy** [distrɔ́i] 파괴하다, 무너뜨리다
raise [reiz] 올리다, …을 일으키다

14

15

16

17

18

19

20

21

22

서 이렇게 말씀하신 것을 기억하였고, 그들은 성경과 예수님께서 하신 말씀을 믿었습니다.

예수님께서는 사람의 마음을 아심

23 예수님께서 예루살렘에 계시는 유월절 기간 동안, 많은 사람들이 그분이 행하시는 표적을 보고 예수님을 믿었습니다.

24 그러나 예수님께서는 모든 사람을 알고 계셨기 때문에 자기 자신을 그 사람들에게 맡기지 않으셨습니다.

25 예수님께서는 사람들의 마음속에 무엇이 들어 있는지 알고 계셨기 때문에, 사람에 대해서 어느 누구의 증언이 필요가 없었습니다.

예수님과 니고데모

3 바리새인들 중에 니고데모라는 사람이 있었습니다. 그는 유대 공의회 의원 중 한 사람이었습니다.

2 어느 날 밤, 니고데모가 예수님을 찾아왔습니다. 그는 "선생님, 우리는 당신이 하나님께로부터 오신 선생님이라는 것을 압니다. 하나님께서 함께하시지 않는다면, 아무도 선생님께서 하셨던 일들을 행할 수 없습니다"라고 말했습니다.

3 예수님께서 대답하셨습니다. "내가 너에게 진리를 말한다. 누구든지 다시 태어나지 않으면, 하나님의 나라를 볼 수 없다."

4 니고데모가 예수님께 물었습니다. "사

they believed the scripture and the words that Jesus had spoken.

23 Now while he was in Jerusalem at the Passover Festival, many people saw the signs he was performing and believed in his name.

24 But Jesus would not entrust himself to them, for he knew all people.

25 He did not need any testimony about mankind, for he knew what was in each person.

Jesus Teaches Nicodemus

3 Now there was a Pharisee, a man named Nicodemus who was a member of the Jewish ruling council.

2 He came to Jesus at night and said, "Rabbi, we know that you are a teacher who has come from God. For no one could perform the signs you are doing if God were not with him."

3 Jesus replied, "Very truly I tell you, no one can see the kingdom of God unless they are born again."

4 "How can someone be born when they are

---

22 **scripture** [skríptʃər] 성경, 성서
23 **festival** [féstəvəl] 축제, 행사
believe in: …(의 존재)를 믿다
24 **entrust** [intrʌst] 맡기다, 위임하다
25 **testimony** [téstəmòuni] 증언
mankind [mæ'nkai'nd] 인류, 인간
1 **Pharisee** [fǽrisì:] 바리새인
Jewish [dʒú:iʃ] 유대인의

ruling [rú:liŋ] 지배하는, 집권하는
council [káunsəl] 의회, 위원회
2 **rabbi** [rǽbai] 랍비, 유대인 율법학자
sign [sain] (신의) 기적, 표시
3 **truly** [trú:li] 진정, 진실로
kingdom [kíŋdəm] 왕국
unless [ənlés] …하지 않는다면
be born again: 거듭나다, 다시 태어나다

23

24

25

Jesus Teaches Nicodemus

3

2

3

4

람이 이미 나이가 많아 어른이 되었는데, 어떻게 다시 태어날 수 있겠습니까? 어머니의 태 안에 다시 들어가 두 번씩이나 태어날 수 있겠습니까?"

5 예수님께서는 이렇게 대답하셨습니다. "내가 너에게 진리를 말한다. 누구든지 물과 성령으로 태어나지 않는다면, 그 사람은 하나님 나라에 들어갈 수 없다.

6 사람이 육체적으로는 그의 부모로부터 태어나지만, 영적으로는 성령으로부터 태어난다.

7 내가 너에게 '다시 태어나야 한다'라고 말한 것에 너무 놀라지 마라.

8 바람은 제 맘대로 부는 법이다. 너는 바람 부는 소리는 듣지만, 그 바람이 어디서부터 와서 어디로 가는지는 알지 못한다. 성령으로 다시 태어나는 모든 사람도 이와 같다."

9 니고데모는 "이런 일이 어떻게 가능할 수 있습니까?"라고 물었습니다.

10 예수님께서 대답하셨습니다. "너는 이스라엘의 선생인데도 이 일들을 이해하지 못하느냐?

11 내가 너에게 진리를 말한다. 우리는 우리가 아는 것을 말하고 우리가 본 것을 증언한다. 그러나 너희는 우리가 증언한 것을 받아들이지 않고 있다.

12 내가 너희에게 이 세상의 일들에 대해 말했는데도 너희는 나를 믿지 않는데, 내가 너희에게 하늘의 일들을 말한다면, 너희가 어떻게 믿겠느냐?

old?" Nicodemus asked. "Surely they cannot enter a second time into their mother's womb to be born!"

5 Jesus answered, "Very truly I tell you, no one can enter the kingdom of God unless they are born of water and the Spirit.

6 Flesh gives birth to flesh, but the Spirit gives birth to spirit.

7 You should not be surprised at my saying, 'You must be born again.'

8 The wind blows wherever it pleases. You hear its sound, but you cannot tell where it comes from or where it is going. So it is with everyone born of the Spirit."

9 "How can this be?" Nicodemus asked.

10 "You are Israel's teacher," said Jesus, "and do you not understand these things?

11 Very truly I tell you, we speak of what we know, and we testify to what we have seen, but still you people do not accept our testimony.

12 I have spoken to you of earthly things and you do not believe; how then will you believe if I speak of heavenly things?

4 surely [ʃúərli] 확실히, 틀림없이
enter [éntər] 들어가다
second time: 두 번째
womb [wuːm] 자궁
6 flesh [fleʃ] 살, 육체
give birth to: …을 낳다
7 be surprised at: …에 놀라다
must [məst] 반드시 …하다
8 blow [blou] 불다
wherever [hwɛərévər] 어디든
please: 마음에 들다, 뜻에 맞다
11 testify [téstəfài] 증언하다, 증명하다
accept [æksépt] 받아들이다
testimony [téstəmòuni] 증언
12 earthly [ə́ːrθli] 이 세상의, 지상의
heavenly [hévənli] 하늘의, 신성한

5

6

7

8

9

10

11

12

13 하늘에서 내려온 사람, 곧 인자 외에는 하늘에 올라간 사람이 아무도 없다.

14 모세가 광야에서 뱀을 높이 들었던 것처럼 인자도 들려야 한다.

15 그것은 그를 믿는 사람들에게 영생을 얻게 하기 위해서이다.

16 이와 같이 하나님께서는 세상을 사랑하여 독생자를 주셨다. 이는 누구든지 그의 아들을 믿는 사람은 멸망하지 않고 영생을 얻게 하려 하심이다.

17 하나님께서는 세상을 심판하기 위해 그의 아들을 세상에 보내신 것이 아니라, 자기 아들을 통하여 세상을 구원하시기 위해 아들을 보내신 것이다.

18 하나님의 아들을 믿는 사람은 유죄 판결을 받지 않는다. 그러나 그를 믿지 않는 사람은 이미 유죄 판결을 받은 것이다. 그것은 사람이 하나님의 독생자의 이름을 믿지 않았기 때문이다.

19 판결 내용은 이렇다. 빛이 세상에 와 있지만 사람들은 빛보다는 어두움을 더 좋아하였다는 것이다. 그들이 어두움을 더 좋아하는 것은 그들의 행위가 악하기 때문이다.

20 악을 행하는 사람마다 빛을 미워하며, 또한 빛으로 말미암아 자기의 행위가 폭로되는 것이 두려워 빛을 향해 나오지 않는다.

21 그러나 진리를 행하는 사람은 그가 행한 모든 일들이 하나님을 통하여

13 No one has ever gone into heaven except the one who came from heaven–the Son of Man.

14 Just as Moses lifted up the snake in the wilderness, so the Son of Man must be lifted up,

15 that everyone who believes may have eternal life in him."

16 For God so loved the world that he gave his one and only Son, that whoever believes in him shall not perish but have eternal life.

17 For God did not send his Son into the world to condemn the world, but to save the world through him.

18 Whoever believes in him is not condemned, but whoever does not believe stands condemned already because they have not believed in the name of God's one and only Son.

19 This is the verdict: Light has come into the world, but people loved darkness instead of light because their deeds were evil.

20 Everyone who does evil hates the light, and will not come into the light for fear that their deeds will be exposed.

21 But whoever lives by the truth comes into the

---

13 **except** [iksépt] 제외하다, 외에는
14 **just as:** 처럼, 만큼
   lift [lift] 들어 올리다
   snake [sneik] 뱀
15 **eternal** [itə́ːrnəl] 영원한, 불멸의
16 **whoever** [huːévər] 누구나
   perish [périʃ] 사라지다, 죽다
17 **condemn** [kəndém] 유죄 판결을 내리다

18 **stand condemned:** 정죄를 받다(받은 상태이다)
   already [ɔːlrédi] 이미, 완전히
19 **verdict** [və́ːrdikt] 판결, 심판
   instead of: 대신에
   deed [diːd] 행위, 행동
   evil [íːvəl] 사악한, 악
20 **hate** [heit] 싫어하다
   expose [ikspóuz] 노출하다, 드러내다

13

14

15

16

17

18

19

20

21

행한 것이라는 사실을 나타내기 위해 빛을 향해 나온다."

예수님과 세례자 요한

22 이 일이 있은 후, 예수님과 그의 제자들은 유대 지방으로 갔습니다. 예수님께서는 거기서 그의 제자들과 함께 머무르시면서 사람들에게 세례를 주셨습니다.

23 세례자 요한도, 살렘 근처에 있는 애논에서 세례를 주었습니다. 이는 그곳에 물이 많고, 사람들도 계속해서 자기에게 나아왔기 때문입니다.

24 이때는 요한이 아직 감옥에 갇히기 전이었습니다.

25 요한의 제자들 중 몇 사람과 유대인 사이에 정결 예법에 대한 논쟁이 벌어졌습니다.

26 그래서 그들은 요한에게 와서 "선생님, 요단 강 동편에서 선생님과 함께 계시던 분, 즉 선생님께서 이전에 증언하셨던 그분이 지금 세례를 주고 계시며, 모든 사람들이 그분에게로 가고 있습니다"라고 말했습니다.

27 요한이 대답했습니다. "하늘의 하나님께서 주지 않으시면, 사람은 아무것도 받을 수 없다.

28 너희들은, 내가 '나는 그리스도가 아니며 그분보다 앞서 보냄을 받은 사람이다'라고 말한 것을 들은 증인들이다.

29 신부의 주인은 신랑이다. 신랑을 기다리며, 그가 오는 소리에 귀를 기울이는

light, so that it may be seen plainly that what they have done has been done in the sight of God.

John Testifies Again About Jesus

22 After this, Jesus and his disciples went out into the Judean countryside, where he spent some time with them, and baptized.

23 Now John also was baptizing at Aenon near Salim, because there was plenty of water, and people were coming and being baptized.

24 (This was before John was put in prison.)

25 An argument developed between some of John's disciples and a certain Jew over the matter of ceremonial washing.

26 They came to John and said to him, "Rabbi, that man who was with you on the other side of the Jordan–the one you testified about–look, he is baptizing, and everyone is going to him."

27 To this John replied, "A person can receive only what is given them from heaven.

28 You yourselves can testify that I said, 'I am not the Messiah but am sent ahead of him.'

29 The bride belongs to the bridegroom. The

---

21 **so that:** ···하기 위하여
plainly [pléinli] 분명히, 명백히
in the sight of: ···의 판단(의견)으로
22 **disciple** [disáipl] 제자
countryside [kə'ntrisai,d] 지방, 시골
baptize [bæptáiz] 세례를 베풀다
23 **near** [niər] 근처, 인접한
plenty of: 많은, 풍부한

24 **prison** [prízn] 감옥, 교도소
25 **argument** [ɑ́ːrgjumənt] 논쟁, 말다툼
develop [divéləp] 전개하다
Jew [dʒuː] 유대인, 이스라엘인
matter [mǽtər] 문제, 내용
ceremonial [sèrəmóuniəl] 의식, 예식
28 **ahead of:** ···의 앞에, ···에 앞서서
29 **bridegroom** [bráidgrùːm] 신랑

John Testifies Again About Jesus

22

23

24

25

26

27

28

29

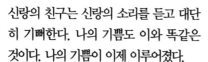
신랑의 친구는 신랑의 소리를 듣고 대단히 기뻐한다. 나의 기쁨도 이와 똑같은 것이다. 나의 기쁨이 이제 이루어졌다.

30 그분은 점점 더 위대해질 것이고, 나는 점점 더 사람들의 관심에서 멀어지게 될 것이다."

하늘에서 오신 분

31 "위로부터 오신 분은 모든 것 위에 계신 분이다. 땅으로부터 온 사람은 땅에 속하여, 땅의 일을 말한다. 그러나 하늘로부터 오신 분은 모든 것 위에 계신 분이다.

32 그분은 그가 보고 들었던 것을 증언하신다. 그러나 아무도 그분의 증언을 받아들이지 않는다.

33 그분의 증거를 받아들이는 사람은 하나님이 참되신 분이라는 사실을 인정한다.

34 하나님께서 보내신 그분은 하나님의 말씀을 전하신다. 하나님께서는 그분에게 성령을 한없이 주셨다.

35 아버지는 아들을 사랑하셔서 모든 것을 그의 손에 맡기셨다.

36 아들을 믿는 사람은 영생이 있지만, 아들을 거역하는 사람은 생명을 보지 못하고 도리어 그에게 하나님의 진노가 있을 것이다."

예수님과 사마리아 여인

4 바리새인들은 예수님께서 요한보다 더 많은 사람을 제자로 삼고 세례를 준다

friend who attends the bridegroom waits and listens for him, and is full of joy when he hears the bridegroom's voice. That joy is mine, and it is now complete.

30 He must become greater; I must become less."

31 The one who comes from above is above all; the one who is from the earth belongs to the earth, and speaks as one from the earth. The one who comes from heaven is above all.

32 He testifies to what he has seen and heard, but no one accepts his testimony.

33 Whoever has accepted it has certified that God is truthful.

34 For the one whom God has sent speaks the words of God, for God gives the Spirit without limit.

35 The Father loves the Son and has placed everything in his hands.

36 Whoever believes in the Son has eternal life, but whoever rejects the Son will not see life, for God's wrath remains on them.

Jesus Talks With a Samaritan Woman

4 Now Jesus learned that the Pharisees had

---

29 **attend** [əténd] 참석하다, 주의를 기울이다
  full of …으로 가득찬
  joy [dʒɔi] 기쁨
  complete [kəmplíːt] 완성되다, 완료하다
30 **become** [bikʌ́m] …이 되다
31 **above** [əbʌ́v] 위에, 하늘에
  belong to: …에 속하다
32 **testify** [téstəfài] 증언하다, 증명하다

  accept [æksépt] 받아들이다
33 **certify** [sə́ːrtəfài] 증명하다
  truthful [trúːθəl] 진실한, 참된
34 **limit** [límit] 한계, 한정하다
36 **reject** [ridʒékt] 거절하다
  wrath [ræθ] 분노, 격노
  remain [riméin] 머무르다, 남다
1 **learn** [ləːrn] 깨닫다, 배우다

30

31

32

33

34

35

36

Jesus Talks With a Samaritan Woman

4

는 소문을 들었습니다.

2 그러나 사실 예수님께서 직접 사람들에게 세례를 주신 것이 아니라 제자들이 세례를 준 것이었습니다. 예수님께서는 바리새인들이 자기에 대하여 이야기하고 있다는 것을 아시고,

3 유대를 떠나 다시 갈릴리로 가셨습니다.

4 갈릴리로 가려면 사마리아 지방을 거쳐 가야만 했습니다.

5 예수님께서는 사마리아에 있는 수가라는 마을로 들어가셨습니다. 이 마을은 야곱이 자기 아들 요셉에게 주었던 밭에서 그리 멀지 않은 곳에 있었습니다.

6 그곳에 야곱의 우물이 있었습니다. 예수님께서는 오랜 여행으로 피곤하여 그 우물가에 앉으셨습니다. 그때가 대략 정오쯤이었습니다.

7 사마리아 여자 한 사람이 물을 길으러 나왔습니다. 예수님께서는 그 여자에게 "내게 마실 물 좀 주시오"라고 말씀하셨습니다.

8 이 일이 일어날 즈음 예수님의 제자들은 먹을 것을 사러 마을로 내려가고 그 자리에 없었습니다.

9 사마리아 여자는 예수님께 "당신은 유대 남자고, 나는 사마리아 여자인데, 어떻게 나에게 마실 것을 달라고 할 수 있습니까?"라고 말했습니다. 당시 유대인들은 사마리아 사람들과 상종을 하지 않았습니다.

10 예수님께서는 그 여자에게 이렇게 대

heard that he was gaining and baptizing more disciples than John–

2 although in fact it was not Jesus who baptized, but his disciples.

3 So he left Judea and went back once more to Galilee.

4 Now he had to go through Samaria.

5 So he came to a town in Samaria called Sychar, near the plot of ground Jacob had given to his son Joseph.

6 Jacob's well was there, and Jesus, tired as he was from the journey, sat down by the well. It was about noon.

7 When a Samaritan woman came to draw water, Jesus said to her, "Will you give me a drink?"

8 (His disciples had gone into the town to buy food.)

9 The Samaritan woman said to him, "You are a Jew and I am a Samaritan woman. How can you ask me for a drink?" (For Jews do not associate with Samaritans.)

10 Jesus answered her, "If you knew the gift of God and who it is that asks you

---

1 **gain** [gein] 얻다
  disciple [disáipl] 제자
2 **although** [ɔ:lðóu] 비록 …이지만
  in fact: 사실, 실제로
3 **once more**: 한 번 더
4 **go through**: 통과하다
5 **plot** [plat] 작은 지면(땅)
  ground [graund] 땅

6 **well** [wel] 우물
  tired [taiərd] 피곤한
  journey [dʒə́:rni] 여행, 여정
  noon [nu:n] 정오
7 **Samaritan** [səmaérətn] 사마리아인
8 **go into**: …에 들어가다
9 **ask A for B**: A에게 B를 부탁하다
  associate [əsóuʃièit] 어울리다

2

3

4

5

6

7

8

9

10

답하셨습니다. "당신이 하나님께서 주시는 선물이 무엇인지, 또 '내게 마실 것을 달라'라고 말하고 있는 사람이 누구인지 알았더라면, 오히려 당신이 그 사람에게 구하였을 것이고 그러면 그가 당신에게 생명의 물을 주었을 것이오."

11 그 여자가 말했습니다. "선생님, 당신에게는 물 길을 도구도 없고 이 우물은 매우 깊은데, 어디서 그 생명의 물을 구한단 말입니까?

12 당신이 우리 조상 야곱보다 더 큰 분이란 말씀이십니까? 야곱은 우리에게 이 우물을 주신 분입니다. 그분도 친히 이 우물에서 물을 길어 마셨고, 그분의 아들들과 가축들도 그렇게 했습니다."

13 예수님께서는 "이 물을 마시는 사람은 다시 목마를 것이오.

14 그러나 내가 주는 물을 마시는 사람은 누가 되었건 간에, 영원히 목마르지 않을 것이오. 내가 주는 물은 그 사람 안에서 계속 솟아나, 영원한 생명을 가져다주는 우물이 될 것이오"라고 대답하셨습니다.

15 사마리아 여자는 예수께 "선생님, 저에게 그런 물을 주셔서 제가 다시는 목이 마르지 않을 뿐더러 물을 길으러 여기에 오지 않게 해 주십시오"라고 말했습니다.

16 예수님께서는 그 여자에게 "가서 당신 남편을 불러 이리로 데려오시오"라고 말씀하셨습니다.

17 그 여자는 예수님께 "저는 남편이 없습니다"라고 대답했습니다. 그러자 예수님께서 "당신이 남편이 없다고 한 말은 맞는 말이오.

for a drink, you would have asked him and he would have given you living water."

11 "Sir," the woman said, "you have nothing to draw with and the well is deep. Where can you get this living water?

12 Are you greater than our father Jacob, who gave us the well and drank from it himself, as did also his sons and his livestock?"

13 Jesus answered, "Everyone who drinks this water will be thirsty again,

14 but whoever drinks the water I give them will never thirst. Indeed, the water I give them will become in them a spring of water welling up to eternal life."

15 The woman said to him, "Sir, give me this water so that I won't get thirsty and have to keep coming here to draw water."

16 He told her, "Go, call your husband and come back."

17 "I have no husband," she replied. Jesus said to her, "You are right when you say you have no husband.

---

10 living [líviŋ] 살아 있는, 생명의
11 sir [sər] 선생님, 경, 아저씨
   draw [drɔ:] 퍼내다
   deep [di:p] 깊은
12 one's father: 조상, 선조
   livestock [láivstàk] 가축
13 thirsty [θə́:rsti] 목이 마른, 갈증난
14 whoever [hu:évər] 누구나

indeed [indíd] 실로, 참으로
become [bikʌ́m] …이 되다
spring [spriŋ] 샘, 분출하다
well up: 샘솟다
eternal life: 영생
15 keep …ing: 계속 …하다
16 husband [hʌ́zbənd] 남편
17 reply [riplái] 대답하다

11

12

13

14

15

16

17

18 실제로 당신은 남편이 다섯 명이나 있었고, 지금 당신과 함께 사는 남자도 당신 남편이 아니오. 당신이 방금 전에 말한 것은 틀린 말이 아니었소"라고 말씀하셨습니다.

19 그 여자는 "선생님, 제가 보기에 선생님께서는 예언자이십니다.

20 우리의 조상들은 이 산에서 예배하였으나, 유대인들은 예배할 수 있는 유일한 장소는 예루살렘에 있다고 주장합니다"라고 말했습니다.

21 예수님께서 이렇게 말씀하셨습니다. "여인이여, 나를 믿으시오. 이 산에서도 아니고, 예루살렘에서도 아닌, 당신네들이 아버지께 예배할 때가 올 것이오.

22 사마리아 사람인 당신네들은 알지 못하는 것을 예배하나, 우리 유대인들은 우리가 알고 있는 것을 예배하오. 그것은 구원이 유대인들로부터 나오기 때문이오.

23 그러나 참되게 예배하는 사람들이 영과 진리로 아버지께 예배할 때가 올 것인데, 지금이 바로 그때요. 그리고 하나님께서는 이렇게 예배하는 사람들을 찾고 계시오.

24 하나님께서는 영이시기 때문에 하나님께 예배하는 사람들은 반드시 영과 진리로 예배해야만 하오."

25 그 여자는 "그리스도라고 불리는 메시아가 오실 것이라는 사실을 알고 있습니다. 그분이 오시면, 우리에게 모든 것을 설명해 주실 것입니다"라고 말했습니다.

18 The fact is, you have had five husbands, and the man you now have is not your husband. What you have just said is quite true."

19 "Sir," the woman said, "I can see that you are a prophet.

20 Our ancestors worshiped on this mountain, but you Jews claim that the place where we must worship is in Jerusalem."

21 "Woman," Jesus replied, "believe me, a time is coming when you will worship the Father neither on this mountain nor in Jerusalem.

22 You Samaritans worship what you do not know; we worship what we do know, for salvation is from the Jews.

23 Yet a time is coming and has now come when the true worshipers will worship the Father in the Spirit and in truth, for they are the kind of worshipers the Father seeks.

24 God is spirit, and his worshipers must worship in the Spirit and in truth."

25 The woman said, "I know that Messiah" (called Christ) "is coming. When he comes, he will explain everything to us."

26 Then Jesus declared, "I, the one speaking to

---

18 **quite** [kwait] 꽤, 아주, 완전히
19 **prophet** [práfit] 예언자
20 **ancestor** [ǽnsestər] 선조, 조상
  worship [wə́:rʃip] 예배, 경배
  Jew [dʒu:] 유대인, 이스라엘인
  claim [kleim] 주장하다
  must [məst] 반드시 …하다
21 **neither A nor B:** A도 B도 아니다

22 **salvation** [sælvéiʃən] 구원, 구조
23 **yet** [jet] 그러나, 아직
  Spirit [spírit] (the) 성령, 영
  kind of: 같은, 종류
  seek [si:k] 추구하다, 찾다
25 **Messiah** [misáiə] 구세주, 메시아
  explain [ikspléin] 설명하다, 알려주다
26 **declare** [dikléər] 선언하다, 말하다

18

19

20

21

22

23

24

25

26

26 그러자 예수님께서 여자에게 말씀하셨습니다. "지금 당신과 이야기하고 있는 내가 바로 그 메시아요."

27 바로 그때, 예수님의 제자들이 마을에서 돌아왔습니다. 그들은 예수님께서 여자와 이야기하고 있는 것을 보고 무척 놀랐습니다. 그러나 아무도 "선생님, 무엇을 구하고 계십니까?"라거나 "선생님, 무슨 일로 그 여자와 이야기를 하고 계십니까?"라고 묻는 사람이 없었습니다.

28 그 여자는 물 항아리를 버려두고, 마을로 돌아가 사람들에게 말했습니다.

29 "여러분, 이리 와서 내 과거의 일을 다 말해 준 사람을 한번 보세요. 이분이 메시아가 아닐까요?"

30 그러자 사람들이 마을에서 나와 예수님께로 왔습니다.

31 그 사이 제자들은 예수님께 "선생님, 음식을 좀 드시지요"라고 청했습니다.

32 그러나 예수님께서는 "나에게는 너희들이 알지 못하는 먹을 음식이 있다"라고 대답하셨습니다.

33 그러자 제자들은 자기들끼리 "누가 예수님께 먹을 것을 갖다 드렸을까?"라고 말했습니다.

34 예수님께서 이들에게 말씀하셨습니다. "나의 음식은 나를 보내신 분의 뜻을 행하고, 그분의 일을 완수하는 것이다.

35 너희들은 '넉 달이 지나야 추수 때가 될 것이다'라고 말하지 않느냐? 그러나 나는 너희에게 말한다. 눈을 들어

you–I am he."

The Disciples Rejoin Jesus

27 Just then his disciples returned and were surprised to find him talking with a woman. But no one asked, "What do you want?" or "Why are you talking with her?"

28 Then, leaving her water jar, the woman went back to the town and said to the people,

29 "Come, see a man who told me everything I ever did. Could this be the Messiah?"

30 They came out of the town and made their way toward him.

31 Meanwhile his disciples urged him, "Rabbi, eat something."

32 But he said to them, "I have food to eat that you know nothing about."

33 Then his disciples said to each other, "Could someone have brought him food?"

34 "My food," said Jesus, "is to do the will of him who sent me and to finish his work.

35 Don't you have a saying, 'It's still four months until harvest'? I tell you, open your eyes and look at the fields! They are ripe for

---

27 **just then:** 바로 그때
 disciple [disáipl] 제자
 return [ritə́:rn] 돌아오다
 surprised [sərpráizd] 놀란
28 **leave** [li:v] 떠나다
 jar [dʒɑːr] 항아리, 단지
30 **toward** [tɔːrd] 쪽으로, 향하여
31 **meanwhile** [míːnwàil] …동안

 urge [ə́:rdʒ] 촉구하다, 강권하다
 rabbi [rǽbai] 랍비, 유대인 율법학자
33 **each other:** 서로
34 **the will:** 의지, 뜻
 finish [fíniʃ] 마치다, 끝나다
35 **harvest** [hɑ́:rvist] 수확, 추수
 field [fiːld] 벌판, 들
 ripe [raip] 익은, 여문

The Disciples Rejoin Jesus

27

28

29

30

31

32

33

34

35

밭을 보아라. 이미 곡식이 익어 추수할 때가 되었다.

36 추수하는 사람은 벌써 추수한 대가로 품삯을 받고, 영생을 위한 곡식을 추수하는 중이다. 그래서 씨를 뿌린 사람은 추수하는 사람과 함께 기뻐할 수 있게 될 것이다.

37 그러므로, '한 사람은 씨를 뿌리고, 다른 사람은 추수한다'라고 하는 말은 진리이다.

38 나는 너희들이 직접 수고하지 않은 것을 추수하라고 너희들을 보냈다. 다른 사람들은 수고하였고, 너희들은 그들이 해 놓은 수고의 결실을 얻게 되었다."

사마리아 사람들이 예수님을 믿음

39 그 마을에 사는 많은 사마리아 사람들은 그 여자가 "그분은 내 과거의 모든 일들을 나에게 말씀해 주셨어요"라고 말한 것 때문에 예수님을 믿었습니다.

40 사마리아 사람들이 예수님께 그들과 함께 지내다 가시기를 청했으므로 거기서 이틀을 머무르셨습니다.

41 그래서 보다 많은 사람들이 예수님의 말씀을 듣고 예수님을 믿었습니다.

42 그들은 그 여자에게 "더 이상 우리는 당신의 말 때문에 예수님을 믿는 것이 아니오. 우리가 이제는 예수님의 말씀을 직접 들었고, 이분이 참으로 세상의 구세주라는 사실을 알았기 때문에 믿는 것이오"라고 말했습니다.

harvest.

36 Even now the one who reaps draws a wage and harvests a crop for eternal life, so that the sower and the reaper may be glad together.

37 Thus the saying 'One sows and another reaps' is true.

38 I sent you to reap what you have not worked for. Others have done the hard work, and you have reaped the benefits of their labor."

Many Samaritans Believe

39 Many of the Samaritans from that town believed in him because of the woman's testimony, "He told me everything I ever did."

40 So when the Samaritans came to him, they urged him to stay with them, and he stayed two days.

41 And because of his words many more became believers.

42 They said to the woman, "We no longer believe just because of what you said; now we have heard for ourselves, and we know that this man really is the Savior of the world."

36 reap [ri:p] 거둬들이다
wage [weidʒ] 급여, 삯
crop [krap] 농작물
sower [sóuər] 씨뿌리는 사람
glad [glæd] 기쁜
37 thus [ðʌs] 그러므로
38 others [ʌðərs] 다른 사람들
hard work: 노고, 수고

benefit [bénəfit] 이익, 이득
labor [léibər] 노동, 수고
39 Samaritan [səmaérətn] 사마리아인
believe in: …(의 존재)를 믿다
testimony [téstəmòuni] 증언
40 urge [əːrdʒ] 촉구하다, 강권하다
42 ourselves [a:rsélvz] 우리 스스로
Savior [séivjər] (the) 구세주, 예수님을 칭함

36

37

38

Many Samaritans Believe

39

40

41

42

왕의 신하의 아들을 고치심

43 이틀 후에 예수님께서는 그곳을 떠나 갈릴리로 가셨습니다.

44 전에 예수님께서는 예언자가 자기 고향에서는 존경을 받지 못한다고 직접 말씀하신 적이 있습니다.

45 예수님께서 갈릴리에 도착했을 때, 그곳 사람들은 예수님을 환영했습니다. 왜냐하면 그 사람들은 유월절에 예루살렘에서 예수님께서 하신 모든 일들을 보았으며, 또한 자신들도 유월절에 그곳에 있었기 때문입니다.

46 예수님께서는 갈릴리 가나를 또 방문하셨습니다. 이곳은 예수님께서 물로 포도주를 만드셨던 곳입니다. 이곳에는 높은 지위를 가진 왕의 신하 한 사람이 살고 있었습니다. 그 신하의 아들은 병에 걸려 가버나움에 있었습니다.

47 왕의 신하는 예수님께서 유대 지방에서 갈릴리로 오셨다는 소식을 듣고 예수님께 찾아가 가버나움으로 오셔서 자기 아들을 낫게 해 달라고 간청하였습니다. 그 신하의 아들은 거의 죽기 직전에 있었습니다.

48 예수님께서 왕의 신하에게 말씀하셨습니다. "너희는 표적과 기이한 것들을 보지 않으면 전혀 믿으려 하지 않는다."

49 그 신하가 말했습니다. "선생님, 제 아들이 죽기 전에 가버나움으로 오십시오."

50 예수님께서 대답하셨습니다. "가시오, 당신 아들은 살 것이오." 그 사람은 예수님께서 자기에게 하신 말씀을 믿고 집으로 갔습니다.

51 그 사람은 집으로 가는 도중에 자기의

Jesus Heals an Official's Son

43 After the two days he left for Galilee.

44 (Now Jesus himself had pointed out that a prophet has no honor in his own country.)

45 When he arrived in Galilee, the Galileans welcomed him. They had seen all that he had done in Jerusalem at the Passover Festival, for they also had been there.

46 Once more he visited Cana in Galilee, where he had turned the water into wine. And there was a certain royal official whose son lay sick at Capernaum.

47 When this man heard that Jesus had arrived in Galilee from Judea, he went to him and begged him to come and heal his son, who was close to death.

48 "Unless you people see signs and wonders," Jesus told him, "you will never believe."

49 The royal official said, "Sir, come down before my child dies."

50 "Go," Jesus replied, "your son will live." The man took Jesus at his word and departed.

51 While he was still on the way, his servants

---

44 **point out:** 언급하다, 지적하다
prophet [práfit] 예언자
honor [ánər] 영광, 경의
45 **arrive** [əráiv] 도착하다
Galilean [gæləlí:ən] 갈릴리 사람
Passover [pæˈsou,vər] 유월절
46 **visit** [vízit] 방문하다
certain [sə́:rtn] 어떤, 특정한

royal [rɔ́iəl] 왕실의, 왕족
official [əfíʃəl] 관리, 공무원
47 **beg** [beg] 간청하다, 탄원하다
heal [hi:l] 치료하다
48 **unless** [ənlés] …하지 않으면
50 **depart** [dipáːrt] 출발하다, 떠나다
51 **on the way:** …로 가는 도중에
servant [sə́:rvənt] 하인, 종

Jesus Heals an Official's Son

43

44

45

46

47

48

49

50

51

하인들을 만나 자기 아들이 살아났다는 소식을 들었습니다.

52 왕의 신하가 자기 아들이 낫게 된 때를 묻자, 하인들은 "어제 오후 1시 무렵부터 열이 떨어졌습니다"라고 대답했습니다.

53 아이 아버지는 그때가 바로 예수님께서 "당신 아들은 살 것이오"라고 말씀하신 그 시각과 정확히 일치한 것을 알고 자기와 그 집의 모든 사람이 예수님을 믿었습니다.

54 이것은 예수님께서 유대에서 갈릴리로 오신 후, 행하신 두 번째 표적이었습니다.

연못가의 병자를 고치심

5 얼마 후, 유대인의 명절이 되어 예수님께서는 예루살렘으로 올라가셨습니다.

2 예루살렘에 있는 '양의 문' 근처에 기둥 다섯 개가 있는 연못이 있었습니다. 거기에는 히브리 말로 '베데스다'라고 씌어 있었습니다.

3 이곳에는 병약한 사람, 앞 못 보는 사람, 걷지 못하는 사람, 다리를 저는 사람 등 많은 병자들이 누워 있었습니다.

4 (없음)*

5 거기에 삼십팔 년 동안, 병을 앓아 온 한 남자가 있었습니다.

6 예수님께서는 그 남자가 누워 있는 것을 보시고, 그가 아주 오랫동안 병을 앓아 온 사람이라는 것을 아셨습니다.

met him with the news that his boy was living.

52 When he inquired as to the time when his son got better, they said to him, "Yesterday, at one in the afternoon, the fever left him."

53 Then the father realized that this was the exact time at which Jesus had said to him, "Your son will live." So he and his whole household believed.

54 This was the second sign Jesus performed after coming from Judea to Galilee.

The Healing at the Pool

5 Some time later, Jesus went up to Jerusalem for one of the Jewish festivals.

2 Now there is in Jerusalem near the Sheep Gate a pool, which in Aramaic is called Bethesda and which is surrounded by five covered colonnades.

3 Here a great number of disabled people used to lie–the blind, the lame, the paralyzed. [a]

5 One who was there had been an invalid for thirty-eight years.

6 When Jesus saw him lying there and learned that he had been in this condition for a long

---

52 **inquire** [inkwáiər] 묻다
　fever [fíːvər] 열, 고열
53 **realize** [ríːəlàiz] 깨닫다, 알다
　whole [houl] 전체, 전부
　household [háushòuld] 가족, 가정
54 **perform** [pərfɔ́ːrm] 수행하다, 실행하다
2 **pool** [puːl] 물 웅덩이, 작은 못
　Aramaic [ærəméiik] 아람어, 아람어의

　surround [səráund] 둘러싸다
　colonnade [kɑ̀lənéid] 주랑, 줄기둥이 있는 복도
3 **disabled** [diséibld] 장애의, 불편한
　blind [blaind] 시각장애의, 눈먼
　lame [leim] 절름발이의
　paralyzed [pǽrəlàizd] 마비된
5 **invalid** [ínvəlid] (오래된) 병자
6 **condition** [kəndíʃən] 상태

---

* 5:3 하반절~4절 어떤 사본에는 다음과 같은 구절이 있다. "3 그들은 물이 움직이기를 기다렸다. 4 가끔씩 주의 천사가 연못으로 내려와 물을 휘저었는데, 이렇게 휘저어 놓은 연못에 제일 처음 들어간 사람은 그가 어떤 병을 가지고 있든지 고침을 받을 수 있었다."

52

53

54

The Healing at the Pool

5

2

3

5

6

---

a 5:4 Some manuscripts include here, wholly or in part, paralyzed—and they waited for the moving of the waters. 4 From time to time an angel of the Lord would come down and stir up the waters. The first one into the pool after each such disturbance would be cured of whatever disease they had.

그래서 그에게 물으셨습니다. "낫기를 원하시오?"

7 병든 사람이 대답했습니다. "선생님, 물이 움직이기 시작할 때, 제가 연못 안으로 들어갈 수 있게 도와주는 사람이 없습니다. 제가 물속으로 들어가려고 하면, 다른 사람이 저보다 앞서서 물속으로 들어가곤 합니다."

8 그때, 예수님께서 말씀하셨습니다. "일어나서 당신의 침상을 들고 걸어가시오."

9 그 즉시, 그 남자는 병이 나았습니다. 그는 그의 침상을 들고 걸어가기 시작했습니다. 그런데 그날은 안식일이었습니다.

10 그래서 유대인들은 병이 나은 그 남자에게 이렇게 말했습니다. "오늘은 안식일이오. 안식일에 당신이 침상을 들고 가는 것은 율법을 어기는 일이오."

11 그러자 그 남자가 대답했습니다. "나를 고쳐 주신 분이 나에게 '침상을 들고 걸어가거라' 하고 말씀하셨습니다."

12 "당신에게 침상을 들고 걸어가라고 말한 사람이 도대체 누구요?"라고 유대인들이 다시 물었습니다.

13 그러나 병 고침을 받은 사람은 어떤 사람이 자기를 고쳐 주었는지 알 도리가 없었습니다. 왜냐하면 그곳에는 많은 사람이 있었고, 예수님께서는 이미 군중 속으로 사라진 뒤였기 때문입니다.

14 얼마 후, 예수님께서는 성전 뜰에서 그 남자를 만나 그에게 말씀하셨습니다. "보시오, 당신은 이제 다시 건강해졌으

time, he asked him, "Do you want to get well?"

7 "Sir," the invalid replied, "I have no one to help me into the pool when the water is stirred. While I am trying to get in, someone else goes down ahead of me."

8 Then Jesus said to him, "Get up! Pick up your mat and walk."

9 At once the man was cured; he picked up his mat and walked. The day on which this took place was a Sabbath,

10 and so the Jewish leaders said to the man who had been healed, "It is the Sabbath; the law forbids you to carry your mat."

11 But he replied, "The man who made me well said to me, 'Pick up your mat and walk.'"

12 So they asked him, "Who is this fellow who told you to pick it up and walk?"

13 The man who was healed had no idea who it was, for Jesus had slipped away into the crowd that was there.

14 Later Jesus found him at the temple and said to him, "See, you are well again. Stop sinning or something worse may happen to you."

---

6 **get well:** 병이 회복되는
7 **sir** [sər] 선생님, 경, 아저씨
   stir [stə:r] 젓다, 섞다
   someone else: 누군가, 다른 사람
   ahead of: …의 앞에, …에 앞서서
8 **pick up:** 집다, 들다
9 **cure** [kjuər] 치료하다, 고치다
   Sabbath [saébəθ] 안식일

10 **forbid** [fərbíd] 금지하다
   carry [kaéri] 옮기다, 운반하다
12 **fellow** [félou] 놈, 녀석, 동료
13 **have no idea:** 전혀 모른다
   slip [slip] 미끄러지다, 사라지다
   crowd [kraud] 군중
14 **temple** [témpl] (the) 성전
   worse [wə:rs] 더 나쁜

7

8

9

10

11

12

13

14

니, 더 악한 일이 당신에게 닥치지 않게 다시는 죄를 짓지 마시오.”

15 그 남자는 그 자리를 떠나 유대인들에게 가서 자신을 고쳐 주신 분이 예수님이라고 말했습니다.

16 예수님께서 안식일에 이러한 일을 하셨기 때문에 유대인들은 예수님을 핍박하기 시작했습니다.

17 그러나 예수님께서는 그들에게 이렇게 말씀하셨습니다. “내 아버지께서 지금까지 항상 일하시니, 나도 일한다.”

18 이 말 때문에 유대인들은 더더욱 예수님을 죽이려고 안달하였습니다. 그것은 그분이 안식일을 범할 뿐만 아니라 하나님을 자기의 친아버지라고 불러 자기를 하나님과 동등하게 여기고 있기 때문이었습니다.

하나님의 권세를 가지신 예수님

19 그러나 예수님께서 말씀하셨습니다. “내가 너희에게 진리를 말한다. 아들은 어느 것 하나도 혼자서 할 수 없다. 아들은 다만 아버지께서 하시는 일을 보고서야 그것을 할 수 있을 따름이다. 그것은 아버지께서 무엇을 행하시든지 아들도 행하기 때문이다.

20 아버지께서는 아들을 사랑하셔서 그분이 하시는 모든 일들을 아들에게 보여 주신다. 너희에게는 놀랄 만한 일이겠지만 아버지께서는 이보다 더 큰일들을 아들에게 보여주실 것이다.

21 아버지께서 죽은 사람을 부활시키

15 The man went away and told the Jewish leaders that it was Jesus who had made him well.

The Authority of the Son

16 So, because Jesus was doing these things on the Sabbath, the Jewish leaders began to persecute him.

17 In his defense Jesus said to them, "My Father is always at his work to this very day, and I too am working."

18 For this reason they tried all the more to kill him; not only was he breaking the Sabbath, but he was even calling God his own Father, making himself equal with God.

19 Jesus gave them this answer: "Very truly I tell you, the Son can do nothing by himself; he can do only what he sees his Father doing, because whatever the Father does the Son also does.

20 For the Father loves the Son and shows him all he does. Yes, and he will show him even greater works than these, so that you will be amazed.

21 For just as the Father raises the dead and

---

15 **go away:** 가버리다, 떠나다
16 **Sabbath** [sǽbəθ] 안식일
　persecute [pə́:rsikjù:t] 박해하다, 괴롭히다
17 **defense** [diféns] 방어, 변호
　very [véri] (this 뒤에서) 바로, 다름 아닌
18 **reason** [rí:zn] 이유, 원인
　all the more: 더욱더
　kill [kil] 죽이다

not only A but B: A 뿐만 아니라 B도
break [breik] 깨다, 어기다
equal [í:kwəl] 동등한
19 **whatever** [hwʌtévər] 무엇이든
20 **show** [ʃou] 보여주다
　amazed [əméizd] 놀란
21 **raise** [reiz] 일으키다, 살리다
　dead [ded] 죽은, 시신

15
_____

_____

The Authority of the Son
_____

16
_____

_____

17
_____

_____

18
_____

_____

19
_____

_____

_____

20
_____

_____

21

시며 그들에게 생명을 주시는 것처럼 아들도 자기가 원하는 자들에게 생명을 줄 것이다.

22 이뿐 아니라 아버지는 아무도 심판하지 않으시고 심판하는 모든 권한을 아들에게 맡기셨다.

23 하나님께서 이렇게 하시는 것은 모든 사람들이 아버지를 존경하듯이 아들도 존경하게 하기 위해서이다. 아들을 존경하지 않는 사람은 아들을 보내신 아버지도 존경하지 않는 것이다."

24 "내가 너희에게 진리를 말한다. 누구든지 내 말을 듣고 나를 보내신 분을 믿는 사람은 영원한 생명을 얻었고, 심판을 받지 않을 것이며, 사망에서 생명으로 옮겨졌다.

25 내가 너희에게 진리를 말한다. 죽은 사람이 하나님의 아들의 음성을 들을 때가 올 것인데, 그때가 바로 지금이다. 그 음성을 듣는 사람들은 살 것이다.

26 아버지 속에 생명이 있는 것처럼, 아버지께서는 아들에게도 생명을 주어 그 속에 있게 하셨다.

27 또한 아들이 곧 인자이기 때문에 아버지께서는 아들에게 심판할 수 있는 권한을 주셨다.

28 이 말을 한다고 놀라지 마라. 무덤 속에 있는 모든 사람들이 아들의 음성을 들을 때가 올 것이다.

29 선한 일을 한 사람들은 생명을 얻기 위해 부활할 것이며, 악한 일을 한 사람

gives them life, even so the Son gives life to whom he is pleased to give it.

22 Moreover, the Father judges no one, but has entrusted all judgment to the Son,

23 that all may honor the Son just as they honor the Father. Whoever does not honor the Son does not honor the Father, who sent him.

24 "Very truly I tell you, whoever hears my word and believes him who sent me has eternal life and will not be judged but has crossed over from death to life.

25 Very truly I tell you, a time is coming and has now come when the dead will hear the voice of the Son of God and those who hear will live.

26 For as the Father has life in himself, so he has granted the Son also to have life in himself.

27 And he has given him authority to judge because he is the Son of Man.

28 "Do not be amazed at this, for a time is coming when all who are in their graves will hear his voice

29 and come out–those who have done what is good will rise to live, and those who have

---

21 **be pleased to:** …하여 기쁘다, 기꺼이 …하다
22 **moreover** [mɔ:róuvər] 더욱이
   judge [dʒʌdʒ] 판단하다, 심판하다
   entrust [intrʌst] 맡기다, 위임하다
   judgment [dʒʌdʒmənt] 심판, 판단
23 **honor** [ɑ́nər] 영광, 경의
   just as: 처럼, 만큼
   whoever [hu:évər] 누구나

24 **truly** [trú:li] 진정, 진실로
   eternal life: 영생
   not A but B: A가 아니라 B
   from A to B: A에서 B로
26 **grant** [grænt] 부여하다, 주다
27 **authority** [əθɔ́:rəti] 권한
28 **be amazed at:** 몹시 놀라다, 아연하다
   grave [greiv] 무덤

22

23

24

25

26

27

28

29

들은 심판을 받기 위해 부활할 것이다.

30 나는 혼자서는 아무것도 할 수 없다. 나는 내가 듣는 대로만 심판을 한다. 그래서 나의 심판은 의롭다. 나는 내가 하고 싶은 것을 하려 하지 않고, 오직 나를 보내신 분이 원하시는 것을 하려고 애쓴다."

예수님에 관한 증거

31 "내가 나 자신에 대하여 증언한다면, 사람들은 내 증거를 참된 증거로 받아들이지 않을 것이다.

32 그러나 나에 대하여 증언하는 다른 분이 계시니, 나는 그분이 나에 대하여 증언하는 것이 옳다는 것을 안다."

33 "너희가 요한에게 사람을 보냈고 요한은 너희에게 진실되게 증언하였다.

34 그렇다고 해서 내가 사람에게서 증언을 받은 것은 아니다. 내가 이런 말을 하는 것은 너희가 구원을 얻을 수 있도록 하기 위해서이다.

35 요한은 타오르면서 빛을 내는 등불이었다. 너희는 잠시 요한의 빛 가운데서 기뻐하기를 원했으나

36 내게는 요한의 증언보다 더 큰 증언이 있다. 아버지께서 나에게 하라고 주셨고, 지금 내가 행하고 있는 일들이 아버지께서 나를 보내신 것을 증언한다.

37 나를 보내신 아버지께서 친히 나를 증언해 주셨다. 너희는 지금까지 그분의 음성을 듣지도 않았고, 그분의 모습을 보지도 않았다.

done what is evil will rise to be condemned.

30 By myself I can do nothing; I judge only as I hear, and my judgment is just, for I seek not to please myself but him who sent me.

Testimonies About Jesus

31 "If I testify about myself, my testimony is not true.

32 There is another who testifies in my favor, and I know that his testimony about me is true.

33 "You have sent to John and he has testified to the truth.

34 Not that I accept human testimony; but I mention it that you may be saved.

35 John was a lamp that burned and gave light, and you chose for a time to enjoy his light.

36 "I have testimony weightier than that of John. For the works that the Father has given me to finish–the very works that I am doing–testify that the Father has sent me.

37 And the Father who sent me has himself testified concerning me. You have never heard his voice nor seen his form,

---

29 **evil** [íːvəl] 사악한, 악
condemn [kəndém] 유죄 판결을 내리다
30 **by oneself**: 혼자서, 홀로
seek [siːk] 추구하다, 찾다
31 **testify** [téstəfài] 증언하다, 증명하다
testimony [téstəmòuni] 증언
32 **favor** [féivər] 호의
34 **accept** [æksépt] 받아들이다

human [hjúːmən] 인간, 사람
mention [ménʃən] 언급하다, 거론하다
save [seiv] 구하다
35 **lamp** [læmp] 전등, 등불
burn [bəːrn] 타다, 연소하다
enjoy [indʒɔ́i] 즐거워하다, 즐기다
36 **weighty** [wéiti] 무거운, 중대한
37 **concerning** [kənsə́ːrniŋ] …에 관하여

30

Testimonies About Jesus

31

32

33

34

35

36

37

38 또한 너희는 아버지께서 보내신 사람을 믿지 않기 때문에 하나님의 말씀이 너희 속에 머물러 있지도 않는다.

39 너희는 성경에서 영생을 얻을 수 있다고 생각하여 성경을 부지런히 연구하고 있는데, 바로 그 성경이 나를 증언하는 것이다.

40 하지만 너희는 영생을 얻기 위해 나에게 오는 것을 거절하였다."

41 "내가 사람에게서 영광을 받으려는 것이 아니다.

42 나는 너희가 어떤 사람인지를 안다. 너희에게는 하나님을 사랑하는 마음이 없다.

43 나는 나의 아버지로부터 받은 권세를 가지고 왔으나, 너희는 나를 받아들이지 않는다. 그러나 다른 사람이 자기의 권세를 가지고 온다면, 너희는 그를 받아들일 것이다.

44 너희는 너희끼리 영광받는 것을 좋아하면서도, 하나님께로부터 오는 영광을 얻는 일에는 힘을 쓰지 않으니, 너희가 어떻게 나를 믿을 수 있겠느냐?"

45 "내가 아버지 앞에서 너희를 고소할 것이라고 생각하지 마라. 너희를 고소하는 사람은 바로 너희가 소망을 두고 있는 모세이다.

46 너희가 모세를 믿었다면, 나를 믿었을 것이다. 왜냐하면 모세가 기록한 것이 나에 관한 것이기 때문이다.

47 너희가 모세의 글을 믿지 않는데, 내가 말하는 것을 어떻게 믿을 수 있겠느냐?"

38 nor does his word dwell in you, for you do not believe the one he sent.

39 You study the Scriptures diligently because you think that in them you have eternal life. These are the very Scriptures that testify about me,

40 yet you refuse to come to me to have life.

41 "I do not accept glory from human beings,

42 but I know you. I know that you do not have the love of God in your hearts.

43 I have come in my Father's name, and you do not accept me; but if someone else comes in his own name, you will accept him.

44 How can you believe since you accept glory from one another but do not seek the glory that comes from the only God?

45 "But do not think I will accuse you before the Father. Your accuser is Moses, on whom your hopes are set.

46 If you believed Moses, you would believe me, for he wrote about me.

47 But since you do not believe what he wrote, how are you going to believe what I say?"

38 dwell [dwel] 거주하다, 머무르다
39 study [stʌdi] 공부하다, 연구하다
Scripture [skríptʃər] 성경, 성서
diligently [dílədʒəntli] 부지런히, 열심히
eternal life: 영생
the very: 바로, 참으로
40 yet [jet] 그러나, 하지만
refuse [rifjúːz] 거부하다, 거절하다
41 glory [glɔ́ːri] 영광
human being: 인간, 인류
42 heart [haːrt] 마음, 중심
44 since [sins] …이므로, …이기 때문에
seek [siːk] 추구하다, 찾다
45 accuse [əkjúːz] 고소하다, 고발하다
hope [houp] 희망, 소망
46 write [rait] 쓰다, 적다

38

39

40

41

42

43

44

45

46

47

보리 빵 다섯 개와 물고기 두 마리

6 이 일이 있은 지 얼마 후, 예수님께서는 디베랴 호수라고도 하는 갈릴리 호수를 건너가셨습니다.

2 많은 사람이 예수님의 뒤를 따랐습니다. 그것은 사람들이 예수님께서 병든 사람들에게 행하시는 표적을 보았기 때문입니다.

3 예수님께서는 언덕으로 올라가 제자들과 함께 거기 앉으셨습니다.

4 때는 유대인의 명절인 유월절 무렵이었습니다.

5 예수님께서는 눈을 들어 많은 사람이 예수님께 나오는 것을 바라보시고 빌립에게 말씀하셨습니다. "이 사람들이 먹을 빵을 어디서 살 수 있겠느냐?"

6 예수님께서는 빌립이 어떻게 하나 보시려고 이런 질문을 하신 것이었습니다. 예수님께서는 빌립이 어떻게 할 것인가를 이미 알고 계셨습니다.

7 빌립이 예수님께 대답했습니다. "여기 있는 한 사람 한 사람이 빵을 한 입씩만 먹는다고 해도, 그 빵을 사려면 이백 데나리온은 있어야 할 것입니다."

8 그때, 예수님의 제자 중 한 사람인 시몬 베드로의 동생 안드레가 말했습니다.

9 "여기 사내아이 하나가 가지고 온 작은 보리 빵 다섯 개와 작은 물고기 두 마리가 있습니다. 하지만 이것만 가지고 이렇게 많은 사람을 어떻게 먹이겠습니까?"

Jesus Feeds the Five Thousand

6 Some time after this, Jesus crossed to the far shore of the Sea of Galilee (that is, the Sea of Tiberias),

2 and a great crowd of people followed him because they saw the signs he had performed by healing the sick.

3 Then Jesus went up on a mountainside and sat down with his disciples.

4 The Jewish Passover Festival was near.

5 When Jesus looked up and saw a great crowd coming toward him, he said to Philip, "Where shall we buy bread for these people to eat?"

6 He asked this only to test him, for he already had in mind what he was going to do.

7 Philip answered him, "It would take more than half a year's wages to buy enough bread for each one to have a bite!"

8 Another of his disciples, Andrew, Simon Peter's brother, spoke up,

9 "Here is a boy with five small barley loaves and two small fish, but how far will they go among so many?"

---

1 **cross** [krɔːs] 건너다
　shore [ʃɔːr] 호숫가, 바닷가
2 **crowd** [kraud] 군중
　perform [pərfɔ́ːrm] 수행하다, 실행하다
　heal [hiːl] 치료하다
3 **mountainside** [máuntənsàid] 산허리, 산중턱
　disciple [disáipl] 제자
4 **Jewish** [dʒúːiʃ] 유대인의

　Passover [pæ'sou‚vər] 유월절
5 **toward** [tɔːrd] 쪽으로, 향하여
6 **have in mind:** …의 일을 생각하고 있다
7 **wage** [wage] 급여, 삯
　have a bite: 한 입 먹다
9 **barley** ['baːrli] 보리
　loaf [louf] 덩어리
　among [əmʌ́ŋ] 사이에

6

2

3

4

5

6

7

8

9

10 예수님께서 말씀하셨습니다. "사람들에게 앉으라고 하여라." 그곳은 풀이 많은 곳이었습니다. 거기에 앉은 남자 어른의 수는 약 오천 명이었습니다.

11 그때, 예수님께서는 빵을 가지고 하나님께 감사의 기도를 하신 후, 그곳에 앉아 있는 사람들에게 그들이 원하는 만큼 나눠 주셨습니다. 예수님께서는 물고기를 가지고도 그렇게 하셨습니다.

12 사람들은 모두 실컷 먹었습니다. 식사가 끝났을 때, 예수님께서 제자들에게 말씀하셨습니다. "먹고 남은 빵과 물고기를 다 모으고 하나도 버리지 마라."

13 그래서 제자들은 남은 음식들을 모았습니다. 보리 빵 다섯 개로 사람들이 먹고 남은 조각들이 큰 광주리로 열두 개나 되었습니다.

14 사람들은 예수님께서 행하신 표적을 보고 말했습니다. "이분은 세상에 오실 그 예언자가 틀림없다."

15 예수님께서는 사람들이 와서 자기를 강제로 데려다가 그들의 왕으로 세우려 한다는 것을 아셨습니다. 그래서 다시 그곳을 떠나 혼자 산으로 올라가셨습니다.

물 위를 걸으신 예수님

16 밤이 되자 예수님의 제자들은 갈릴리 호수로 내려갔습니다.

17 이미 날은 어두워졌지만 예수님께서는 아직 제자들에게 오지 않으셨습니다. 제자들은 작은 배를 타고 가

10 Jesus said, "Have the people sit down." There was plenty of grass in that place, and they sat down (about five thousand men were there).

11 Jesus then took the loaves, gave thanks, and distributed to those who were seated as much as they wanted. He did the same with the fish.

12 When they had all had enough to eat, he said to his disciples, "Gather the pieces that are left over. Let nothing be wasted."

13 So they gathered them and filled twelve baskets with the pieces of the five barley loaves left over by those who had eaten.

14 After the people saw the sign Jesus performed, they began to say, "Surely this is the Prophet who is to come into the world."

15 Jesus, knowing that they intended to come and make him king by force, withdrew again to a mountain by himself.

Jesus Walks on the Water

16 When evening came, his disciples went down to the lake,

17 where they got into a boat and set off across the lake for Capernaum. By now it was dark,

---

10 **plenty of:** 많은, 풍부한
　grass [græs] 풀, 잔디
　thousand [θáuzənd] 천
11 **distribute** [distríbjuːt] 나눠주다, 공급하다
12 **enough** [inʌf] 충분하다
　gather [gaéðər] 모으다
　waste [weist] 낭비하다
13 **fill** [fil] 채우다, 가득하다

　piece [piːs] 조각
14 **perform** [pərfɔ́rm] 수행하다, 실행하다
　surely [ʃúərli] 확실히, 틀림없이
　Prophet [práfit] (the) 선지자
15 **intend** [inténd] 의도하다, 작정하다
　by force: 힘으로
　withdraw [wiðdrɔ́] 철수하다, 물러나다
17 **across** [əkrɔ́ːs] 건너서, 가로 질러서

10

11

12

13

14

15

Jesus Walks on the Water

16

17

버나움으로 가기 위해 갈릴리 호수를 건너기 시작했습니다.

18 그때, 강한 바람이 불어 오고 호수 위의 파도는 점점 거세졌습니다.

19 제자들은 약 4~5킬로미터 정도의 거리를 노 저어 갔습니다. 그때, 예수님께서 물 위를 걸어 배를 향하여 오시는 것이 보였습니다. 제자들은 두려웠습니다.

20 하지만 예수님께서 그들에게 말씀하셨습니다. "나다. 두려워하지 마라."

21 제자들은 기꺼이 예수님을 배 안으로 모셨습니다. 배는 곧 그들이 가려던 목적지에 도착했습니다.

사람들이 예수님을 찾음

22 다음 날, 호수 반대편에 서 있던 군중은 그곳에 배가 한 척밖에 없다는 것과 예수님께서 제자들과 함께 가시지 않고, 제자들만 떠난 것을 알게 되었습니다.

23 그즈음, 배 몇 척이 디베랴에서 왔습니다. 디베랴는 예수님께서 하나님께 감사 기도를 드린 후, 사람들이 빵을 먹었던 장소에서 가까운 곳에 있는 마을입니다.

24 사람들은 예수님과 그분의 제자들이 그곳에 없다는 것을 알고는 배를 타고 예수님을 찾으러 가버나움으로 갔습니다.

생명의 빵이신 예수님

25 사람들은 호수 건너편에서 예수님

and Jesus had not yet joined them.

18 A strong wind was blowing and the waters grew rough.

19 When they had rowed about three or four miles, they saw Jesus approaching the boat, walking on the water; and they were frightened.

20 But he said to them, "It is I; don't be afraid."

21 Then they were willing to take him into the boat, and immediately the boat reached the shore where they were heading.

22 The next day the crowd that had stayed on the opposite shore of the lake realized that only one boat had been there, and that Jesus had not entered it with his disciples, but that they had gone away alone.

23 Then some boats from Tiberias landed near the place where the people had eaten the bread after the Lord had given thanks.

24 Once the crowd realized that neither Jesus nor his disciples were there, they got into the boats and went to Capernaum in search of Jesus.

Jesus the Bread of Life

25 When they found him on the other side of the

---

18 **strong** [strɔːŋ] 강한, 센
   blow [blou] 불다
   rough [rʌf] 거칠다, 거세다
19 **row** [rou] 노를 젓다
   approach [əpróutʃ] 다가오다, 접근하다
   frighten [fráitn] 두렵게 하다, 놀라게 하다,
20 **afraid** [əfréid] 두려워하다
21 **be willing to:** 기꺼이 …하다

immediately [imíːdiətli] 즉시, 곧
reach [riːtʃ] 도착하다, 닿다
shore [ʃɔːr] 호숫가, 바닷가
22 **opposite** [ápəzit] 반대쪽, 반대편
   realize [ríːəlàiz] 깨닫다, 알다
   enter [éntər] 들어가다
24 **crowd** [kraud] 군중
   neither A nor B: A도 B도 아니다

18

19

20

21

22

23

24

Jesus the Bread of Life

25

을 만났습니다. 그들은 예수님께 물었습니다. "선생님, 언제 여기에 도착하셨습니까?"

26 예수님께서 그 사람들에게 대답하셨습니다. "내가 너희에게 진리를 말한다. 너희가 나를 찾는 것은 내가 행한 표적을 보았기 때문이 아니라 빵을 배불리 먹었기 때문이다.

27 썩어 없어지는 음식을 위해 일하지 말고, 영원히 있어서 영생을 주는 음식을 위해 일하여라. 인자는 너희에게 그런 음식을 줄 것이다. 하나님 아버지께서 인자가 이런 일을 행하는 것을 허락하셨다."

28 그러자 사람들이 예수님께 물었습니다. "하나님께서 원하시는 일을 하기 위해 우리는 무엇을 해야 합니까?"

29 예수님께서 대답하셨습니다. "하나님의 일이란 바로 하나님께서 보내신 사람을 믿는 것이다."

30 다시 사람들이 물었습니다. "당신은 어떤 표적을 행하여 우리가 보고 당신을 믿게 하시겠습니까?

31 성경에 '하나님께서는 그들에게 먹을 빵을 하늘에서 내려 주셨다'라고 기록되어 있듯이, 우리 조상들은 광야에서 만나를 먹었습니다."

32 예수님께서 그들에게 말씀하셨습니다. "내가 너희에게 진리를 말한다. 너희에게 하늘로부터 내린 빵을 준 사람은 모세가 아니다. 나의 아버지

lake, they asked him, "Rabbi, when did you get here?"

26 Jesus answered, "Very truly I tell you, you are looking for me, not because you saw the signs I performed but because you ate the loaves and had your fill.

27 Do not work for food that spoils, but for food that endures to eternal life, which the Son of Man will give you. For on him God the Father has placed his seal of approval."

28 Then they asked him, "What must we do to do the works God requires?"

29 Jesus answered, "The work of God is this: to believe in the one he has sent."

30 So they asked him, "What sign then will you give that we may see it and believe you? What will you do?

31 Our ancestors ate the manna in the wilderness; as it is written: 'He gave them bread from heaven to eat.'"

32 Jesus said to them, "Very truly I tell you, it is not Moses who has given you the bread from heaven, but it is my Father who gives you the true bread from heaven.

---

25 **rabbi** [raébai] 랍비, 유대인 율법학자
26 **truly** [trúːli] 진정, 진실로
　　look for: 찾다
　　sign [sain] (신의) 기적, 표시
　　loaf [louf] 덩어리
27 **not A but B:** A가 아니라 B
　　spoil [spɔil] 상하다, 망치다
　　endure [indjúər] 견디다

　　eternal life: 영생
　　seal of approval: 공식적인 승인, 인정
28 **must** [məst] 반드시 …하다
　　require [rikwáiər] 요구하다, 필요하다
29 **believe in:** …(의 존재)를 믿다
31 **ancestor** [ǽnsestər] 선조, 조상
　　manna [maénə] 만나, 하늘이 주신 양식
　　wilderness [wíldərnis] 광야, 황야

26

27

28

29

30

31

32

께서 너희에게 하늘로부터 참된 빵을 주신 것이다.

33 하나님의 빵은 하늘로부터 내려와서 세상에 생명을 주는 것이다."

34 사람들이 예수님께 말했습니다. "선생님, 이 빵을 우리에게 항상 주십시오."

35 그때, 예수님께서 그들에게 선언하셨습니다. "나는 생명의 빵이다. 내게 오는 사람은 결단코 굶주리지 않을 것이며, 나를 믿는 사람은 결코 목마르지 않을 것이다.

36 그러나 전에도 내가 너희에게 말했던 것처럼, 너희는 나를 보고도 여전히 나를 믿지 않는다.

37 아버지께서 나에게 주신 사람은 다 내게로 올 것이며, 내게로 오는 자를 나는 결단코 쫓아내지 않을 것이다.

38 나는 내 뜻을 이루기 위해서 하늘에서 내려온 것이 아니다. 나는 나를 보내신 분의 뜻을 행하기 위해 하늘에서 내려왔다.

39 나를 보내신 분의 뜻은, 하나님께서 내게 주신 사람은 단 한 사람도 잃지 않고 마지막 날에 그를 부활시키는 것이다.

40 아들을 보고 믿는 사람은 누구나 다 영생을 얻는 것이 내 아버지의 뜻이기 때문이다. 나는 그를 마지막 날에 부활시킬 것이다."

41 유대인들은 예수님께서 "나는 하늘

33 For the bread of God is the bread that comes down from heaven and gives life to the world."

34 "Sir," they said, "always give us this bread."

35 Then Jesus declared, "I am the bread of life. Whoever comes to me will never go hungry, and whoever believes in me will never be thirsty.

36 But as I told you, you have seen me and still you do not believe.

37 All those the Father gives me will come to me, and whoever comes to me I will never drive away.

38 For I have come down from heaven not to do my will but to do the will of him who sent me.

39 And this is the will of him who sent me, that I shall lose none of all those he has given me, but raise them up at the last day.

40 For my Father's will is that everyone who looks to the Son and believes in him shall have eternal life, and I will raise them up at the last day."

41 At this the Jews there began to grumble

---

33 **heaven** [hévən] 하늘, 천국
34 **sir** [sər] 선생님, 경, 아저씨
   always [ɔ́:lweiz] 항상, 언제나
35 **declare** [diklɛ́ər] 선언하다, 말하다
   whoever [hu:évər] 누구나
   never [névər] 결코
   go hungry: 굶주리다, 배고프다
   thirsty [θə́:rsti] 목마른, 갈증난

36 **still** [stil] 여전히, 아직도
37 **drive away:** 물리치다, 내쫓다
38 **will** [wəl] 의지, 뜻
39 **lose** [lu:z] 잃다, 상실하다
   none [nʌn] 아무도, 단 한 사람도
   raise [reiz] 일으키다, 살리다
40 **everyone** [évriwʌn] 모든 사람
41 **grumble** [grʌmbl] 불평하다, 투덜대다

33

34

35

36

37

38

39

40

41

에서 내려온 빵이다"라고 말했으므로 예수님에 대해 수군대기 시작했습니다.

42 그래서 그들은 자기들끼리 이런 말들을 했습니다. "이 사람은 틀림없는 요셉의 아들 예수야. 우리가 그의 아버지와 어머니를 알고 있는데, 어떻게 그가 '나는 하늘에서 내려왔다'고 말할 수 있지?"

43 그러자 예수님께서 그들에게 대답하셨습니다. "서로 수군대지 마라.

44 나를 보내신 아버지께서 이끌지 않으면 아무도 내게로 올 수 없다. 나도 마지막 날에 그를 부활시킬 것이다.

45 예언자들의 책에 이런 글이 있다. '모든 사람이 하나님의 가르침을 받을 것이다.' 아버지의 말씀을 듣고, 아버지에게서 배우는 사람은 내게로 온다.

46 하나님으로부터 온 사람 외에는 아버지를 본 사람이 없다. 오직 하나님으로부터 온 그 사람만 아버지를 보았다.

47 내가 너희에게 진리를 말한다. 믿는 사람에게는 영생이 있다.

48 나는 생명의 빵이다.

49 너희의 조상들은 광야에서 만나를 먹었지만 죽었다.

50 하늘에서 내려오는 빵이 여기 있다. 누구든지 이 빵을 먹으면 결코 죽지 않을 것이다.

about him because he said, "I am the bread that came down from heaven."

42 They said, "Is this not Jesus, the son of Joseph, whose father and mother we know? How can he now say, 'I came down from heaven'?"

43 "Stop grumbling among yourselves," Jesus answered.

44 "No one can come to me unless the Father who sent me draws them, and I will raise them up at the last day.

45 It is written in the Prophets: 'They will all be taught by God.' Everyone who has heard the Father and learned from him comes to me.

46 No one has seen the Father except the one who is from God; only he has seen the Father.

47 Very truly I tell you, the one who believes has eternal life.

48 I am the bread of life.

49 Your ancestors ate the manna in the wilderness, yet they died.

50 But here is the bread that comes down from heaven, which anyone may eat and not die.

---

41 **come down:** 내려오다
43 **grumble** [grʌmbl] 불평하다, 투덜대다
   among [əmʌŋ] 사이에
44 **no one:** 아무도 …않다
   unless [ənlés] …하지 않으면
   draw [drɔː] 이끌다, 끌다
45 **Prophet** [práfit] (the) 선지자, 예언서
   teach [tiːtʃ] 가르치다

learn [ləːrn] 배우다, 익히다
46 **except** [iksépt] 제외하다, 외에는
47 **truly** [trúːli] 진정, 진실로
   eternal life: 영생
49 **ancestor** [ǽnsestər] 선조, 조상
   manna [mǽnə] 만나, 하늘이 주신 양식
   wilderness [wíldərnis] 광야, 황야
50 **anyone** [éniwʌn] 누구든지, 모든 사람

42

43

44

45

46

47

48

49

50

51 나는 하늘에서 내려온, 생명을 주는 빵이다. 누구든지 이 빵을 먹으면 영원히 살 것이다. 내가 줄 빵은 나의 살이다. 내 살은 세상에 생명을 준다."

52 그러자 유대인들은 "이 사람이 어떻게 자기 몸을 우리에게 먹으라고 줄 수 있겠는가?"라고 말하며 서로 다투기 시작했습니다.

53 예수님께서 그들에게 말씀하셨습니다. "내가 너희에게 진리를 말한다. 너희가 인자의 살을 먹지 않고, 또 그의 피를 마시지 않으면, 너희 속에 생명이 없다.

54 나의 살을 먹고 나의 피를 마시는 사람은 영생을 얻으며, 나도 그 사람을 마지막 날에 부활시킬 것이다.

55 나의 살은 참된 음식이며, 나의 피는 참된 음료다.

56 나의 살을 먹고 나의 피를 마시는 사람은 누구든지 내 안에 있고, 나도 그 사람 안에 있다.

57 살아계신 아버지께서 나를 보내셨고, 나 또한 아버지 때문에 살고 있는 것처럼, 나를 먹는 그 사람은 나 때문에 살 것이다.

58 하늘에서 내려온 빵은 너희 조상들이 먹고 죽었던 빵과 같지 않다. 이 빵을 먹는 사람은 영원히 살 것이다."

51 I am the living bread that came down from heaven. Whoever eats this bread will live forever. This bread is my flesh, which I will give for the life of the world."

52 Then the Jews began to argue sharply among themselves, "How can this man give us his flesh to eat?"

53 Jesus said to them, "Very truly I tell you, unless you eat the flesh of the Son of Man and drink his blood, you have no life in you.

54 Whoever eats my flesh and drinks my blood has eternal life, and I will raise them up at the last day.

55 For my flesh is real food and my blood is real drink.

56 Whoever eats my flesh and drinks my blood remains in me, and I in them.

57 Just as the living Father sent me and I live because of the Father, so the one who feeds on me will live because of me.

58 This is the bread that came down from heaven. Your ancestors ate manna and died, but whoever feeds on this bread will live forever."

51 living [lívin] 살아 있는, 생명의
whoever [hu:évər] 누구나
forever [fərevər] 영원히
flesh [fleʃ] 살, 육체
52 Jew [dʒu:] 유대인, 이스라엘인
argue [ɑ́:rgju:] 논쟁하다, 말다툼하다
sharply [ʃɑ́:rpli] 격렬하게, 날카롭게
53 unless [ənlés] …하지 않으면
blood [blʌd] 피, 혈액
55 real [rí:əl] 진짜의, 참된
56 remain [riméin] 머무르다, 남다
57 just as: 처럼, 만큼
because of: …때문에
feed on: …을 먹고 살다
58 ancestor [ǽnsestər] 선조, 조상
manna [maénə] 만나, 하늘이 주신 양식

51

52

53

54

55

56

57

58

59 이 모든 말씀은 예수님께서 가버나움 회당에서 가르치실 때에 하신 말씀입니다.

영생의 말씀

60 예수님의 제자들 중에 여러 사람이 예수님의 말씀을 듣고 말했습니다. "이 말씀은 어렵다. 누가 알아들을 수 있겠는가?"

61 예수님께서는 제자들이 이 문제로 수군거리는 것을 아시고 그들에게 이런 말씀을 하셨습니다. "이것이 너희에게 장애물이 되느냐?

62 그렇다면 인자가 전에 있던 곳으로 올라가는 것을 너희가 보면 어떻겠느냐?

63 생명을 주시는 분은 성령이시다. 그러므로 사람의 힘은 전혀 쓸모가 없다. 내가 너희에게 한 말은 성령의 말씀이고 생명의 말씀이다.

64 그러나 너희 중에는 믿지 않는 사람이 있다." 예수님께서는 처음부터 누가 믿지 않을지, 또 누가 예수님을 배반할지를 알고 계셨습니다.

65 예수님께서 계속 말씀하셨습니다. "그러므로 내가 '사람이 내게 오는 것을 아버지께서 허락하지 않으시면, 아무도 내게로 올 수 없다'고 너희에게 말한 이유가 여기에 있다."

66 예수님께서 이 말씀을 하시자 제자들 중에 많은 사람이 예수님을 떠났습니다. 그들은 더 이상 예수님을 따르지 않았습니다.

67 그래서 예수님께서 열두 제자에게 물으셨

59 He said this while teaching in the synagogue in Capernaum.

Many Disciples Desert Jesus

60 On hearing it, many of his disciples said, "This is a hard teaching. Who can accept it?"

61 Aware that his disciples were grumbling about this, Jesus said to them, "Does this offend you?

62 Then what if you see the Son of Man ascend to where he was before!

63 The Spirit gives life; the flesh counts for nothing. The words I have spoken to you— they are full of the Spirit and life.

64 Yet there are some of you who do not believe." For Jesus had known from the beginning which of them did not believe and who would betray him.

65 He went on to say, "This is why I told you that no one can come to me unless the Father has enabled them."

66 From this time many of his disciples turned back and no longer followed him.

67 "You do not want to leave too, do you?"

59 **synagogue** [sínəgàg] 유대교의 예배당
60 **disciple** [disáipl] 제자
hard [ha:rd] 어려운, 난해한
accept [æksépt] 받아들이다
61 **aware** [əwéər] 알아채다, 인식하다
grumble [grʌmbl] 불평하다, 투덜대다
offend [əfénd] 불쾌하게 하다, 기분 상하다
62 **ascend** [əsénd] 오르다, 올라가다

63 **flesh** [fleʃ] 살, 육체
count for: 가치가 있다, 중요하다
64 **betray** [bitréi] 배반하다, 배신하다
65 **unless** [ənlés] …하지 않으면
enable [inéibl] 가능하게 하다
66 **turn back:** 되돌아가다
no longer: 더 이상 …않다
67 **leave** [li:v] 떠나다, 남기다

59

Many Disciples Desert Jesus

60

61

62

63

64

65

66

67

습니다. "너희들도 떠나고 싶으냐?"

68 시몬 베드로가 예수님께 대답했습니다. "주님, 주님께 영생의 말씀이 있는데 우리가 누구에게 가겠습니까?

69 우리는 주님이 하나님의 거룩한 분임을 믿고 알고 있습니다."

70 예수님께서 제자들에게 대답하셨습니다. "내가 너희 열두 사람을 선택하지 않았느냐? 그러나 너희 중에 한 사람은 마귀니라."

71 예수님께서는 가룟 사람 시몬의 아들 유다를 두고 말씀하신 것이었습니다. 유다는 열두 제자에 들어 있던 사람이었지만, 후에 예수님을 배반했습니다.

믿지 않는 예수님의 형제들

7 이 일이 있은 후, 예수님께서는 갈릴리 지방을 다니셨습니다. 유대인들이 예수님을 죽이려고 했기 때문에 유대에서 다니기를 원하지 않으셨던 것입니다.

2 유대인들의 명절인 초막절이 가까웠습니다.

3 그래서 예수님의 동생들은 예수님께 "형님의 제자들도 형님이 행하는 일들을 볼 수 있도록, 이곳을 떠나 유대로 가십시오.

4 누구나 자기가 하는 일이 은밀하게 행해지지 않고 사람들에게 알려지기를 바라는 법입니다. 형님이 이런 일들을 행하고 계시다면, 자신을 온 세상에 알리십시오"라고 말했습니다.

5 예수님의 동생들이 이렇게 말한 것은

Jesus asked the Twelve.

68 Simon Peter answered him, "Lord, to whom shall we go? You have the words of eternal life.

69 We have come to believe and to know that you are the Holy One of God."

70 Then Jesus replied, "Have I not chosen you, the Twelve? Yet one of you is a devil!"

71 (He meant Judas, the son of Simon Iscariot, who, though one of the Twelve, was later to betray him.)

Jesus Goes to the Festival of Tabernacles

7 After this, Jesus went around in Galilee. He did not want to go about in Judea because the Jewish leaders there were looking for a way to kill him.

2 But when the Jewish Festival of Tabernacles was near,

3 Jesus' brothers said to him, "Leave Galilee and go to Judea, so that your disciples there may see the works you do.

4 No one who wants to become a public figure acts in secret. Since you are doing these things, show yourself to the world."

---

68 answer [aénsər] 답하다
eternal life: 영생
69 Holy one: 성스러운 분, 그리스도, 신
70 reply [riplái] 대답하다
choose [tʃuːz] 선택하다, 고르다
devil [dévl] 악마, 마귀
71 betray [bitréi] 배반하다, 배신하다
1 around [əráund] 주변

look for: 찾다
2 Jewish [dʒúːiʃ] 유대인의
Tabernacle [tǽbəːrnækl] 성막
3 so that: …할 수 있도록
4 become [bikʌm] …이 되다
public figure: 유명인사, 공인
secret [síːkrit] 비밀, 몰래
show [ʃou] 보여주다, 보이다

68

69

70

71

Jesus Goes to the Festival of Tabernacles

7

2

3

4

그들도 예수님을 믿지 않았기 때문이었습니다.

6 그래서 예수님께서는 그들에게 이런 말씀을 하셨습니다. "내 때는 아직 오지 않았다. 하지만 너희 때는 항상 준비되어 있다.

7 세상이 너희는 미워할 수 없겠지만, 나는 미워하고 있다. 이는 내가 세상에 대하여, 또 세상이 행하는 일들에 대하여 악하다고 증언하기 때문이다.

8 너희는 명절을 지키러 올라가거라. 나는 이번 명절에는 올라가지 않겠다. 내 때가 아직 이르지 않았다."

9 예수님께서는 이 말씀을 하시고, 그냥 갈릴리에 머물러 계셨습니다.

초막절에 예루살렘에서 가르치심

10 그러나 예수님의 동생들이 명절을 지키러 올라간 후, 예수님께서는 사람들의 눈에 띄지 않게 은밀히 올라가셨습니다.

11 그래서 유대인들은 명절에 예수님을 찾으며, "그분이 어디 계시냐?"고 물었습니다.

12 사람들 사이에서는 예수님에 대한 여러 말이 오고 갔습니다. "그는 좋은 사람이다"라고 말하는 사람이 있는가 하면, "아니다. 오히려 그는 군중들을 속이고 있다"라고 말하는 사람도 있었습니다.

13 그러나 사람들은 유대인들을 두려워했기 때문에, 아무도 예수님에 대하여 드러내 놓고 말하는 사람이 없

5 For even his own brothers did not believe in him.

6 Therefore Jesus told them, "My time is not yet here; for you any time will do.

7 The world cannot hate you, but it hates me because I testify that its works are evil.

8 You go to the festival. I am not going up to this festival, because my time has not yet fully come."

9 After he had said this, he stayed in Galilee.

10 However, after his brothers had left for the festival, he went also, not publicly, but in secret.

11 Now at the festival the Jewish leaders were watching for Jesus and asking, "Where is he?"

12 Among the crowds there was widespread whispering about him. Some said, "He is a good man." Others replied, "No, he deceives the people."

13 But no one would say anything publicly about him for fear of the leaders.

Jesus Teaches at the Festival

14 Not until halfway through the festival did

---

5 **believe in:** ···(의 존재)를 믿다
6 **therefore** [ðéərfɔːr] 그러므로, 그래서
7 **hate** [heit] 싫어하다
  testify [téstəfài] 증언하다, 증명하다
  evil [íːvəl] 사악한, 악
9 **stay** [stei] 머무르다, 지내다
10 **however** [hauévər] 그러나, 그런데
  festival [féstəvəl] 축제, 행사

  publicly [pʌ́blikli] 공개적으로, 공공연하게
11 **be watching for:** 지켜보고 있다
12 **among** [əmʌ́ŋ] 사이에
  crowd [kraud] 군중
  widespread [waiˈdspreˈd] 널리 퍼진
  whisper [hwíspər] 속삭이다, 소곤대다
13 **fear** [fiər] 두려움, 공포
14 **halfway** [hæˈfweiˈ] 절반, 중간

5

6

7

8

9

10

11

12

13

Jesus Teaches at the Festival

14

었습니다.

14 명절이 절반가량 지났을 무렵, 예수님께서는 성전 뜰에 올라가 가르치기 시작하셨습니다.

15 그러자 유대인들은 "이 사람은 배운 것도 없는데 어떻게 저런 지식을 갖고 있을까?" 하며 놀라워했습니다.

16 그래서 예수님께서는 그들에게 이렇게 대답하셨습니다. "내 교훈은 내 것이 아니라 나를 보내신 분에게서 온 것이다.

17 누구든지 하나님의 뜻을 행하기를 원하는 사람이라면 나의 교훈이 하나님께로부터 온 것인지, 또는 내가 내 자신의 교훈을 말하는 것인지 알 것이다.

18 자기 자신의 교훈을 말하는 사람은 자기의 영광을 추구하기 위해 말하지만, 그를 보내신 분의 영광을 추구하는 사람은 진실하며 그에게는 거짓이 없다.

19 모세가 너희에게 율법을 주지 않았느냐? 그런데 너희 중에 율법을 지키는 사람이 한 사람도 없도다. 너희는 왜 나를 죽이려고 하느냐?"

20 사람들이 이렇게 대답했습니다. "당신은 귀신이 들렸소. 누가 당신을 죽이려고 한단 말입니까?"

21 예수님께서 그들에게 말씀하셨습니다. "내가 한 가지 일을 했는데, 너희가 모두 놀라고 있다.

22 모세가 너희에게 할례를 주었다. 그러나 사실 그 할례는 모세에게서 시작된 것이 아니라 조상들에게서 시작된 것

Jesus go up to the temple courts and begin to teach.

15 The Jews there were amazed and asked, "How did this man get such learning without having been taught?"

16 Jesus answered, "My teaching is not my own. It comes from the one who sent me.

17 Anyone who chooses to do the will of God will find out whether my teaching comes from God or whether I speak on my own.

18 Whoever speaks on their own does so to gain personal glory, but he who seeks the glory of the one who sent him is a man of truth; there is nothing false about him.

19 Has not Moses given you the law? Yet not one of you keeps the law. Why are you trying to kill me?"

20 "You are demon-possessed," the crowd answered. "Who is trying to kill you?"

21 Jesus said to them, "I did one miracle, and you are all amazed.

22 Yet, because Moses gave you circumcision (though actually it did not come from Moses, but from the patriarchs), you circumcise a

---

14 **temple** [témpl] (the) 성전
   court [kɔ:rt] 뜰, 안 뜰
15 **amazed** [əméizd] 놀란
   such [sətʃ:] 그런, 이런
   without [wiðáut] …없이, …하지 않고
17 **choose** [tʃu:z] 선택하다, 고르다
   whether [hwéðər] …인지 어떤지
18 **whoever** [hu:évər] 누구나

gain [gein] 얻다, 획득하다
personal [pə́rsənl] 개인의, 자신의
false [fɔ:ls] 거짓의, 틀린
20 **possessed** [pəzést] 홀린, (귀신) 들린
21 **miracle** [mírəkl] 기적, 놀라운 일
22 **circumcision** [sə̀:rkəmsíʒən] 할례
   actually [aéktʃuəli] 사실은, 실제로
   patriarch [péitriɑ̀:rk] 족장, 조상

15

16

17

18

19

20

21

22

이다. 그래서 너희는 안식일에도 사람들에게 할례를 베푸는 것이다.

23 모세의 율법을 범하지 않도록 하기 위해 사람이 안식일에 할례를 받는데, 내가 안식일에 온몸을 건강하게 해 주었다고 해서 어찌 내게 화를 내느냐?

24 너희는 겉모양만 보고 판단하지 말고, 올바른 평가에 따라 판단하여라."

예수님에 대한 논쟁

25 이때, 예루살렘 사람 중에는 이렇게 말하는 사람들이 있었습니다. "이 사람이 사람들이 죽이려고 하는 바로 그 사람이 아니냐?

26 보아라, 그가 여러 사람 앞에서 드러내 놓고 말하여도 사람들은 그에게 아무 대꾸도 하지 못하는데, 혹시 지도자들도 이 사람을 정말로 그리스도로 알고 있는 것이 아닌가?

27 하지만 우리는 이 사람이 어디서 왔는지 알고 있다. 그리스도가 오실 때에는 그분이 어디서 오시는지 아무도 알지 못한다."

28 그러자 예수님께서는 성전 뜰에서 가르치실 때 큰 소리로 말씀하셨습니다. "너희는 나를 알며, 또 내가 어디서 왔는지도 알고 있다. 그러나 나는 이곳에 내 스스로 온 것이 아니다. 나를 보내신 분은 참되시다. 너희는 그분을 알지 못하지만,

29 나는 그분을 아는 것이, 내가 그분에게서 왔고 그분은 나를 보내셨기 때문이다."

boy on the Sabbath.

23 Now if a boy can be circumcised on the Sabbath so that the law of Moses may not be broken, why are you angry with me for healing a man's whole body on the Sabbath?

24 Stop judging by mere appearances, but instead judge correctly."

Division Over Who Jesus Is

25 At that point some of the people of Jerusalem began to ask, "Isn't this the man they are trying to kill?

26 Here he is, speaking publicly, and they are not saying a word to him. Have the authorities really concluded that he is the Messiah?

27 But we know where this man is from; when the Messiah comes, no one will know where he is from."

28 Then Jesus, still teaching in the temple courts, cried out, "Yes, you know me, and you know where I am from. I am not here on my own authority, but he who sent me is true. You do not know him,

29 but I know him because I am from him and

---

22 **Sabbath** [saébəθ] 안식일
23 **break** [breik] 깨다, 어기다
   heal [hi:l] 치료하다
24 **judge** [dʒʌdʒ] 판단하다, 심판하다
   mere [miər] 단순한, 단지
   appearance [əpíərəns] 겉모습, 외모
   instead [instéd] 대신에
   correctly [kəréktli] 올바르게, 정확하게

25 **at that point**: 그 시점에서
26 **publicly** [pʌblikli] 공개적으로
   not saying a word: 아무 말도 않다
   authority [əθɔ́:rəti] 권한
   conclud [kənklú:d] 결론짓다
   Messiah [misáiə] 구세주, 메시아
28 **temple** [témpl] (the) 성전
   court [kɔ:rt] 뜰, 안 뜰

23

24

Division Over Who Jesus Is

25

26

27

28

29

30 이 일 때문에 사람들이 예수님을 붙잡으려고 하였습니다. 하지만 아무도 그분에게 손을 대는 사람은 없었습니다. 이는 아직 그분의 때가 되지 않았기 때문입니다.

31 그러나 무리 중에 많은 사람이 예수님을 믿었습니다. 그 사람들은 "그리스도께서 오신다고 해도 과연 그가 행하실 표적들이 이 사람이 한 것보다 더 많겠는가?"라고 말했습니다.

예수님을 잡으려 함

32 사람들이 예수님을 가리켜 이렇게 수군대는 것을 바리새인들이 들었습니다. 그래서 대제사장들과 바리새인들이 예수님을 붙잡으려고 성전 경비대를 보냈습니다.

33 예수님께서는 "나는 잠시 동안, 너희와 함께 있다가 나를 보내신 분에게 갈 것이다.

34 너희가 나를 찾을 것이나 찾아내지 못할 것이며, 내가 있는 곳에 너희는 올 수도 없다"라고 말씀하셨습니다.

35 유대인들은 자기들끼리 이런 말을 하였습니다. "이 사람이 어디로 가려고 하기에, 우리가 자기를 찾아내지 못할 것이라고 하는가? 그리스의 여러 도시로 가서 그리스 사람들을 가르치려고 하는가?

36 '너희는 나를 찾을 것이나 찾아내지 못할 것이며, 내가 있는 곳에 너희는 올 수도 없다'라고 말한 것은 무슨 뜻인가?"

he sent me."

30 At this they tried to seize him, but no one laid a hand on him, because his hour had not yet come.

31 Still, many in the crowd believed in him. They said, "When the Messiah comes, will he perform more signs than this man?"

32 The Pharisees heard the crowd whispering such things about him. Then the chief priests and the Pharisees sent temple guards to arrest him.

33 Jesus said, "I am with you for only a short time, and then I am going to the one who sent me.

34 You will look for me, but you will not find me; and where I am, you cannot come."

35 The Jews said to one another, "Where does this man intend to go that we cannot find him? Will he go where our people live scattered among the Greeks, and teach the Greeks?

36 What did he mean when he said, 'You will look for me, but you will not find me,' and 'Where I am, you cannot come'?"

---

30 **seize** [siːz] 잡다
　lay a hand on: …을 손보다, 손대다
　not yet: 아직 …않다
31 **crowd** [kraud] 군중
　perform [pərfɔ́ːrm] 수행하다, 실행하다
　more [mɔːr] 더, 더 많은
32 **Pharisee** [fǽrisìː] 바리새인
　whisper [hwíspər] 속삭이다, 소곤대다

　chief priest: 대제사장
　guard [gaːrd] 경비원
　arrest [ərést] 체포하다
33 **short time**: 잠시, 잠깐
35 **intend** [inténd] 의도하다, 작정하다
　scatter [skǽtər] 분산시키다, 흩어지다
　among [əmʌ́ŋ] 사이에
　Greek [griːk] 그리스의, 그리스인

30

31

32

33

34

35

36

생명수에 관한 교훈

37 축제가 절정에 달한 명절 마지막 날에 예수님께서 서서 큰 소리로 말씀하셨습니다. "누구든지 목마르거든 내게로 와서 마셔라.

38 나를 믿는 사람은 성경이 말한 대로, 그의 배에서 생수의 강이 흘러나올 것이다."

39 이것은 예수님께서 자기를 믿는 사람들이 장차 받을 성령에 대하여 하신 말씀이었습니다. 그러나 예수님께서 아직 영광을 받으시지 않았기 때문에 사람들에게 아직은 성령이 계시지 않았습니다.

사람들끼리 편이 갈림

40 사람들 중에서는 이 말씀을 듣고, "이분은 참으로 장차 오시리라 예언된 그 예언자이다"라고 말하는 사람들이 있었습니다.

41 또는 다르게 "이분은 그리스도다"라고 말하는 사람들도 있었고, "그리스도는 갈릴리에서 나오지 않을 것이다.

42 성경에는 그리스도가 다윗의 후손 중에서 나오고, 다윗이 살던 마을 베들레헴에서 태어나실 것이라고 기록되어 있다!"라고 말하는 사람들도 있었습니다.

43 그래서 예수님 때문에 군중은 서로 편이 갈리게 되었습니다.

44 그들 중에 예수님을 붙잡으려는 사람들이 있었지만, 예수님께 손을 대

37 On the last and greatest day of the festival, Jesus stood and said in a loud voice, "Let anyone who is thirsty come to me and drink.

38 Whoever believes in me, as Scripture has said, rivers of living water will flow from within them."

39 By this he meant the Spirit, whom those who believed in him were later to receive. Up to that time the Spirit had not been given, since Jesus had not yet been glorified.

40 On hearing his words, some of the people said, "Surely this man is the Prophet."

41 Others said, "He is the Messiah." Still others asked, "How can the Messiah come from Galilee?

42 Does not Scripture say that the Messiah will come from David's descendants and from Bethlehem, the town where David lived?"

43 Thus the people were divided because of Jesus.

44 Some wanted to seize him, but no one laid a hand on him.

Unbelief of the Jewish Leaders

45 Finally the temple guards went back to the

---

37 **thirsty** [θə́:rsti] 목마른, 갈증난
38 **believe in:** …(의 존재)를 믿다
   Scripture [skríptʃər] 성경, 성서
   river [rívər] 강, 흐름
   within [wiðín] …안에, 내부에
39 **Spirit** [spírit] (the) 성령, 영
   receive [risíːv] 받다, 받아들이다
   glorify [glɔ́:rəfài] …을 찬미하다, 영광을 더하다

40 **surely** [ʃúərli] 확실히, 틀림없이
   Prophet [práfit] (the) 선지자
42 **descendant** [diséndənt] 후손, 후예
43 **thus** [ðʌs] 그러므로, 그래서
   divide [diváid] 나누다, 분열시키다
44 **seize** [siːz] 잡다
   lay a hand on: …을 손보다, 손대다
45 **finally** [fáinəli] 결국, 마침내

84

37

38

39

40

41

42

43

44

Unbelief of the Jewish Leaders

45

는 사람은 아무도 없었습니다.

유대 지도자들의 불신앙

45 성전 경비대가 예수님을 잡지 못한 채 대제사장들과 바리새인들에게 돌아오자, 대제사장들과 바리새인들이 "왜 그를 데려오지 않았느냐?"라고 물었습니다.

46 성전 경비대가 대답했습니다. "그 사람처럼 말한 사람은 이때까지 한 사람도 없었습니다."

47 그러자 바리새인들이 성전 경비대에게 되물었습니다. "너희도 미혹을 당한 것은 아니겠지?

48 관원들이나 바리새인들 중에 그를 믿은 사람이 누가 있느냐? 아무도 없다!

49 율법을 알지 못하는 이 군중이나 그를 믿는데, 그들은 저주받은 사람들이다."

50 그들 중의 한 사람으로서, 전에 예수님께 왔던 니고데모가 그들에게 말했습니다.

51 "우리의 율법에 따르면, 먼저 그 사람의 말을 들어 보지 않거나 그가 행한 것을 알아보지 않고는 그 사람에게 죄가 있다고 판단하지 않습니다."

52 다른 사람들이 대답했습니다. "당신도 갈릴리 출신이요? 성경을 연구해 보시오. 그러면 당신도 갈릴리에서는 예언자가 나오지 않는다는 사실을 알게 될 것이오."

53 이 말을 하고는 그들은 각자 자기 집으로 돌아갔습니다.

간음하다 잡힌 여인

8 그리고 예수님께서는 올리브 산으로

chief priests and the Pharisees, who asked them, "Why didn't you bring him in?"

46 "No one ever spoke the way this man does," the guards replied.

47 "You mean he has deceived you also?" the Pharisees retorted.

48 "Have any of the rulers or of the Pharisees believed in him?

49 No! But this mob that knows nothing of the law–there is a curse on them."

50 Nicodemus, who had gone to Jesus earlier and who was one of their own number, asked,

51 "Does our law condemn a man without first hearing him to find out what he has been doing?"

52 They replied, "Are you from Galilee, too? Look into it, and you will find that a prophet does not come out of Galilee."

53 Then they all went home,

8 but Jesus went to the Mount of Olives.

2 At dawn he appeared again in the temple courts, where all the people gathered around him, and he sat down to teach

---

45 **chief priest:** 대제사장
　bring [briŋ] 가져오다, 데려오다
46 **reply** [ripláі] 대답하다
47 **deceive** [disíːv] 현혹시키다, 속이다
　retort [ritɔ́ːrt] 되받아치다, 응수하다
48 **ruler** [rúːlər] 지도자, 통치자
49 **mob** [mab] 군중, 오합지졸
　curse [kəːrs] 저주

50 **earlier** [ə́ːrliər] 이전에, 일찍이
51 **condemn** [kəndém] 유죄 판결을 내리다
　without [wiðáut] …없이, …하지 않고
52 **look into:** 조사하다, 살펴보다
　come out: 나오다
2 **dawn** [dɔːn] 새벽, 동틀 녘
　appear [əpíər] 나타나다, 보이다
　gather [ɡaéðər] 모으다

46

47

48

49

50

51

52

53

8

2

가셨습니다.

2 이튿날 이른 아침에 예수님께서는 다시 성전 뜰로 가셨습니다. 온 백성이 그분 주변에 모여들자, 예수님께서는 자리를 잡고 앉으셔서 그들에게 가르치기 시작하셨습니다.

3 그때, 서기관들과 바리새인들이 간음하다가 현장에서 잡힌 여인 한 명을 끌고 와서 모인 사람들의 앞에 세우고,

4 예수님께 물었습니다. "선생님, 이 여인이 간음하다가 현장에서 붙잡혔습니다.

5 모세는 율법에서 이런 여자들을 돌로 쳐 죽이라고 우리에게 명령하였습니다. 그런데 선생님은 뭐라고 말씀하시겠습니까?"

6 그들은 예수님을 고소할 구실을 얻기 위해 이렇게 시험한 것이었습니다. 그러나 예수님께서는 몸을 굽혀 손가락으로 땅에 글을 쓰셨습니다.

7 사람들이 그 자리에 서서 계속해서 묻자, 예수님께서는 몸을 일으켜 그들에게 말씀하셨습니다. "너희 중에 죄지은 적이 없는 사람이 먼저 이 여인에게 돌을 던져라."

8 이 말씀을 하시고, 예수님께서는 다시 몸을 굽혀 땅에 글을 쓰셨습니다.

9 사람들은 이 말씀을 듣자, 나이 많은 사람들로부터 시작하여 하나둘씩 떠나가고 예수님과 거기 홀로 서 있는 여인만 남게 되었습니다.

10 예수님께서 몸을 일으켜 그 여인에

them.

3 The teachers of the law and the Pharisees brought in a woman caught in adultery. They made her stand before the group

4 and said to Jesus, "Teacher, this woman was caught in the act of adultery.

5 In the Law Moses commanded us to stone such women. Now what do you say?"

6 They were using this question as a trap, in order to have a basis for accusing him. But Jesus bent down and started to write on the ground with his finger.

7 When they kept on questioning him, he straightened up and said to them, "Let any one of you who is without sin be the first to throw a stone at her."

8 Again he stooped down and wrote on the ground.

9 At this, those who heard began to go away one at a time, the older ones first, until only Jesus was left, with the woman still standing there.

10 Jesus straightened up and asked her, "Woman, where are they? Has no one

---

3 **Pharisee** [fǽrisì:] 바리새인
catch [kætʃ] 잡다, 붙들다
adultery [ədʌ́ltəri] 간음
5 **Law** [lɔ:] (the) 율법
command [kəmǽnd] 명령하다
6 **trap** [træp] 덫, 올가미
in order to: ⋯하기 위해
basis [béisis] 기초, 근거

accuse [əkjú:z] 비난하다, 고소하다
bent [bent] 굽은, 구부러진
finger [fíŋgər] 손가락
7 **question** [kwéstʃən] 질문하다, 묻다
straighten [stréitn] 펴다, 곧게 하다
throw [θrou] 던지다
9 **go away:** 가버리다, 떠나다
left [left] 남았다

3

4

5

6

7

8

9

10

게 말씀하셨습니다. "여자여, 너를 고소하던 사람들이 어디 있느냐? 아무도 너를 정죄하지 않았느냐?"

11 여인이 대답했습니다. "주님, 아무도 없습니다." 그러자 예수님께서, "나도 너를 정죄하지 않는다. 가거라. 그리고 다시는 죄를 짓지 마라" 하고 말씀하셨습니다.

세상의 빛이신 예수님

12 그 후에 예수님께서 다시 사람들에게 말씀하셨습니다. "나는 세상의 빛이다. 나를 따르는 사람은 어둠 속에서 생활하지 않을 것이며, 생명의 빛을 얻을 것이다."

13 그러자 바리새인들이 예수님께 말했습니다. "당신이 당신 자신에 대해 증언하는 것은 사실이라고 할 수 없소."

14 이에 대해 예수님께서 대답하셨습니다. "그렇다. 나는 나 자신에 대해서 증언한다. 하지만 나의 증언은 참되다. 이는 내가 어디서 왔으며, 어디로 갈지 알고 있기 때문이다. 그러나 너희는 내가 어디서 왔으며, 어디로 가는지를 알지 못한다.

15 너희는 세상의 표준을 가지고 판단하지만, 나는 아무도 그렇게 판단하지 않는다.

16 설령 내가 판단한다 하더라도, 나의 판단은 참되다. 이는 내가 판단할 때에, 혼자서 판단하는 것이 아니라 나를 보내신 아버지께서 나와 함께 판단하시기 때문이다.

17 너희의 법에도 두 사람의 증언은 참되다고 기록되어 있다.

condemned you?"

11 "No one, sir," she said. "Then neither do I condemn you," Jesus declared. "Go now and leave your life of sin."

Dispute Over Jesus' Testimony

12 When Jesus spoke again to the people, he said, "I am the light of the world. Whoever follows me will never walk in darkness, but will have the light of life."

13 The Pharisees challenged him, "Here you are, appearing as your own witness; your testimony is not valid."

14 Jesus answered, "Even if I testify on my own behalf, my testimony is valid, for I know where I came from and where I am going. But you have no idea where I come from or where I am going.

15 You judge by human standards; I pass judgment on no one.

16 But if I do judge, my decisions are true, because I am not alone. I stand with the Father, who sent me.

17 In your own Law it is written that the testimony of two witnesses is true.

---

10 **condemn** [kəndém] 유죄 판결을 내리다
11 **neither** [níːðər] …도 또한 …아니다
   declare [diklέər] 선언하다, 단언하다
12 **whoever** [huːévər] 누구나
13 **challenge** [ʧǽlindʒ] 도전하다, 이의를 제기하다
   appear [əpíər] 나타나다, 보이다
   witness [wítnis] 증인
   testimony [téstəmòuni] 증언

valid [vǽlid] 타당한, 설득력 있는
14 **even if**: 할지라도
   behalf [biháef] …을 대신해, …을 위해
   have no idea: 전혀 모른다
15 **judge** [dʒʌdʒ] 판단하다, 심판하다
   human [hjúːmən] 인간, 인류
   standard [stǽndərd] 기준, 표준
16 **decision** [disíʒən] 결정, 판단

11

Dispute Over Jesus' Testimony

12

13

14

15

16

17

18 내가 나 자신에 대해서 증언하는 사람이며, 또 나를 위해 증언하시는 분은 나를 보내신 아버지이시다."

19 그 사람들이 예수님께 물었습니다. "당신의 아버지가 어디 계십니까?" 예수님께서 대답하셨습니다. "너희는 나도 알지 못하고 나의 아버지도 모른다. 만일 나를 알았다면 또한 나의 아버지도 알았을 것이다."

20 이 모든 것은 예수님께서 성전 뜰, 헌금함을 보관해 두는 곳에서 사람들을 가르칠 때 하신 말씀입니다. 그러나 아무도 그분을 잡지 못했습니다. 이는 아직 그분의 때가 오지 않았기 때문입니다.

내가 가는 곳에 너희는 올 수 없다

21 예수님께서는 다시 사람들에게 말씀하셨습니다. "나는 멀리 떠날 것이다. 너희가 나를 찾겠지만 너희는 너희 죄 가운데서 죽을 것이다. 너희는 내가 가는 곳에 올 수 없다."

22 그러자 유대인들이 말했습니다. "그가 '너희는 내가 가는 곳에 올 수 없다'라고 말한 것으로 보아 혹시 자살을 하려고 하는 것인가?"

23 예수님께서 말씀하셨습니다. "너희는 아래에서 왔으나 나는 위에서 왔다. 너희는 이 세상에 속하였지만, 나는 이 세상에 속하지 않았다.

24 그래서 내가 너희에게 너희 죄 가운데서 죽을 것이라고 말했던 것이다. 너희

18 I am one who testifies for myself; my other witness is the Father, who sent me."

19 Then they asked him, "Where is your father?" "You do not know me or my Father," Jesus replied. "If you knew me, you would know my Father also."

20 He spoke these words while teaching in the temple courts near the place where the offerings were put. Yet no one seized him, because his hour had not yet come.

Dispute Over Who Jesus Is

21 Once more Jesus said to them, "I am going away, and you will look for me, and you will die in your sin. Where I go, you cannot come."

22 This made the Jews ask, "Will he kill himself? Is that why he says, 'Where I go, you cannot come'?"

23 But he continued, "You are from below; I am from above. You are of this world; I am not of this world.

24 I told you that you would die in your sins; if you do not believe that I am he, you will indeed die in your sins."

---

18 testify [téstəfài] 증언하다, 증명하다
19 reply [riplái] 대답하다
20 while [hwail] …동안에
   temple [témpl] (the) 성전
   court [kɔːrt] 뜰, 안 뜰
   near [niər] 근처, 인접한
   offering [ɔ́ːfəriŋ] 헌금, 헌납, 제물
   seize [siːz] 잡다

21 once more: 한 번 더
   look for: 찾다
   sin [sin] 죄, 죄를 짓다
22 Jew [dʒuː] 유대인, 이스라엘인
23 continue [kəntínjuː] 계속하다
   below [bilóu] 아래쪽, 낮은 곳에
   above [əbʌ́v] 위에, 하늘에
24 indeed [indíd] 실로, 참으로

18

19

20

Dispute Over Who Jesus Is

21

22

23

24

가 만일 내가 이런 주장을 하는 사람이라는 것을 믿지 않는다면, 너희는 참으로 너희 죄 가운데서 죽을 것이다."

25 그들이 물었습니다. "도대체 당신은 누구십니까?" 예수님께서 대답하셨습니다. "나는 처음부터 너희에게 줄곧 이야기했던 바로 그 사람이다.

26 나는 너희와 너희를 심판할 것에 관하여 이야기할 것이 많다. 하지만 나를 보내신 분은 참되시며, 나 역시 그분에게서 들은 것을 세상에 말한다."

27 사람들은 예수님께서 자기들에게 아버지에 대하여 말씀하고 계시다는 사실을 깨닫지 못했습니다.

28 그래서 예수님께서는 그들에게 이런 말씀을 하셨습니다. "너희는 인자를 높이 든 후에야 내가 바로 그 사람인 것과 내가 한 이 모든 일들이 내 스스로 한 것이 아니라, 아버지께서 내게 가르쳐 주신 대로 말하는 것임을 알게 될 것이다.

29 나를 보내신 분은 나와 함께 계신다. 나는 언제나 그분을 기쁘시게 하는 일만 하므로, 그분은 나를 혼자 내버려 두지 않으신다."

30 예수님께서 이 말씀을 하자 많은 사람이 그분을 믿었습니다.

진리가 너희를 자유롭게 하리라

31 예수님께서 자기를 믿는 유대인들에게 말씀하셨습니다. "너희가 나의 가르침을 꼭 붙들고 있으면 진정 나의 제자이다.

32 그때에 너희는 진리를 알게 되고, 진리가 너희를 자유롭게 할 것이다."

25 "Who are you?" they asked. "Just what I have been telling you from the beginning," Jesus replied.

26 "I have much to say in judgment of you. But he who sent me is trustworthy, and what I have heard from him I tell the world."

27 They did not understand that he was telling them about his Father.

28 So Jesus said, "When you have lifted up the Son of Man, then you will know that I am he and that I do nothing on my own but speak just what the Father has taught me.

29 The one who sent me is with me; he has not left me alone, for I always do what pleases him."

30 Even as he spoke, many believed in him.

Dispute Over Whose Children Jesus' Opponents Are

31 To the Jews who had believed him, Jesus said, "If you hold to my teaching, you are really my disciples.

32 Then you will know the truth, and the truth will set you free."

33 They answered him, "We are Abraham's

---

25 beginning [bigíniŋ] 시작, 처음
26 judgment [dʒʌdʒmənt] 심판, 판단
trustworthy [trəˈstwərˌði] 신뢰할 수 있는
27 understand [ʌndərstǽnd] 이해하다, 알다
28 lift [lift] 들어 올리다
on one's own: 혼자 힘으로, 스스로
29 leave [liːv] 떠나다, 남기다
alone [əlóun] 혼자, 홀로

please: 마음에 들다, 뜻에 맞다
30 even as: 바로 (…할 때에)
believe in: …(의 존재)를 믿다
31 Jew [dʒuː] 유대인, 이스라엘인
hold [hould] 잡고 있다, 붙들다
disciple [disáipl] 제자
32 truth [truːθ] 진리, 진실된 것
set free: 자유롭게 하다

25

26

27

28

29

30

Dispute Over Whose Children Jesus' Opponents Are

31

32

33

33 유대인들이 예수님께 여쭈었습니다. "우리는 아브라함의 자녀들입니다. 우리는 지금까지 아무에게도 종이 되어 본 적이 없습니다. 그런데 어떻게 당신은 우리가 자유롭게 될 것이라고 말합니까?"

34 예수님께서 대답하셨습니다. "내가 너희에게 진리를 말한다. 죄를 짓는 사람마다 죄의 종이다.

35 종은 영원히 가족이 될 수 없다. 그러나 아들은 영원히 가족의 한 사람이다.

36 그러므로 아들이 너희를 자유롭게 하면, 너희는 참으로 자유로워질 것이다.

37 나는 너희가 아브라함의 자녀인 것을 안다. 그러나 내 말이 너희 속에 없기 때문에 너희는 나를 죽이려 하고 있다.

38 나는 내 아버지와 함께 있을 때에 본 것을 너희에게 말하고, 너희는 너희의 아버지에게서 들은 것을 행한다."

너희 아버지는 마귀다

39 그들이 말했습니다. "우리의 아버지는 아브라함입니다." 예수님께서 말씀하셨습니다. "너희가 정말 아브라함의 자녀들이라면, 아브라함이 행했던 일을 너희도 행했을 것이다.

40 그러나 너희는 지금 하나님께 들은 것을 너희에게 말하는 나를 죽이려 하고 있다. 아브라함은 이와 같은 일을 결코 행하지 않았다.

41 너희는 너희의 아버지가 했던 일을 하고 있는 것이다." 그들이 말했습니다.

descendants and have never been slaves of anyone. How can you say that we shall be set free?"

34 Jesus replied, "Very truly I tell you, everyone who sins is a slave to sin.

35 Now a slave has no permanent place in the family, but a son belongs to it forever.

36 So if the Son sets you free, you will be free indeed.

37 I know that you are Abraham's descendants. Yet you are looking for a way to kill me, because you have no room for my word.

38 I am telling you what I have seen in the Father's presence, and you are doing what you have heard from your father."

39 "Abraham is our father," they answered. "If you were Abraham's children," said Jesus, "then you would do what Abraham did.

40 As it is, you are looking for a way to kill me, a man who has told you the truth that I heard from God. Abraham did not do such things.

41 You are doing the works of your own father." "We are not illegitimate children," they

---

33 **descendant** [diséndənt] 후손, 후예
　slave [sleiv] 노예
34 **reply** [riplái] 대답하다
　truly [trú:li] 진정, 진실로
35 **permanent** [pə́:rmənənt] 영구적인, 영원한
　belong to: …에 속하다
　forever [fəre'vər] 영원히
36 **set free:** 자유롭게 하다

　indeed [indíd] 실로, 참으로
37 **look for:** 찾다
　a way to: …하는 방법
　room for: 여지, 가능성
38 **the one's presence:** …의 앞, 바로 곁
39 **children** [tʃíldrən] 아이들, 자녀들
40 **such** [sətʃ:] 그런, 이런
41 **illegitimate** [ìlidʒítəmət] 사생아

34

35

36

37

38

39

40

41

"우리는 사생아가 아닙니다. 하나님만이 우리의 유일한 아버지이십니다."

42 예수님께서 그들에게 말씀하셨습니다. "진정 하나님이 너희의 아버지라면, 너희는 나를 사랑했을 텐데 너희는 그러지 않았다. 그것은 내가 하나님께로부터 왔고 지금 여기에 와 있기 때문이다. 나는 스스로 온 것이 아니다. 하나님 그분이 나를 보내셔서 여기에 와 있는 것이다.

43 너희가 내 말을 이해하지 못하는 이유가 무엇인지 아느냐? 그것은 너희가 내 말을 알아들을 수 없기 때문이다.

44 너희는 너희 아버지 마귀에게 속하여 너희 아버지 마귀가 시키는 대로 하기를 원한다. 마귀는 처음부터 살인자였다. 마귀 속에는 진리가 없기 때문에 마귀는 진리 안에 서지 못한다. 마귀는 거짓말쟁이요, 거짓말쟁이의 아버지이므로 그가 거짓말을 할 때에 자신의 말을 하는 것이다.

45 그러나 나는 너희에게 진리를 말한다. 바로 이것이 너희가 나를 믿지 않는 이유이다.

46 너희 중에 내가 죄인이라고 증명해 보일 수 있는 사람이 있느냐? 그런데 내가 진리를 말하는데도 너희는 왜 나를 믿지 않느냐?

47 하나님께 속한 사람은 하나님께서 하시는 말씀을 듣는 법이다. 이는 너희가 하나님의 말씀을 듣지 않는 것은 너희가 하나님께 속해 있지 않기 때문이다."

protested. "The only Father we have is God himself."

42 Jesus said to them, "If God were your Father, you would love me, for I have come here from God. I have not come on my own; God sent me.

43 Why is my language not clear to you? Because you are unable to hear what I say.

44 You belong to your father, the devil, and you want to carry out your father's desires. He was a murderer from the beginning, not holding to the truth, for there is no truth in him. When he lies, he speaks his native language, for he is a liar and the father of lies.

45 Yet because I tell the truth, you do not believe me!

46 Can any of you prove me guilty of sin? If I am telling the truth, why don't you believe me?

47 Whoever belongs to God hears what God says. The reason you do not hear is that you do not belong to God."

---

41 **protest** [próutest] 항의하다
42 **on one's own**: 혼자 힘으로, 스스로
43 **language** [læŋgwidʒ] 말, 언어
   clear [kliər] 완전히 이해되는, 명백한
   unable [ʌnéibl] …할 수 없는
44 **devil** [dévl] 악마, 마귀
   carry out: 수행하다, 실행하다
   desire [dizáiər] 욕망

murderer [má:rdərər] 살인자
from the beginning: 처음부터
lie [lai] 거짓말, 속이다
native language: 모국어, 자국어
46 **prove** [pru:v] 증명하다, 입증하다
   guilty [gílti] 유죄
47 **belong to**: …에 속하다
   reason [rí:zn] 이유, 원인

42

43

44

45

46

47

예수님과 아브라함

48 유대인들이 예수님께 대답했습니다. "당신은 사마리아 사람이고, 귀신이 들린 게 분명합니다. 우리가 틀렸습니까?"

49 예수님께서 대답하셨습니다. "나는 귀신들린 것이 아니다. 나는 내 아버지께 영광을 돌리지만 너희는 내게 영광을 돌리지 않는다.

50 나는 나 자신을 위해 영광을 구하지 않는다. 나를 위하여 영광을 구하는 분이 계시는데 그분은 심판자이시다.

51 내가 너희에게 진리를 말한다. 누구든지 나의 말을 지키는 사람은 영원히 죽지 않을 것이다."

52 유대인들이 예수님께 말했습니다. "이제 우리는 당신이 귀신들린 것을 알겠소. 아브라함과 예언자들도 죽었습니다. 그런데 당신은 '누구든지 나의 말을 지키면, 그는 영원히 죽음을 맛보지 않을 것이다'라고 말합니다.

53 당신이 우리 조상 아브라함보다 더 위대하단 말입니까? 아브라함은 죽었고, 예언자들도 죽었습니다. 당신은 자신이 어떤 존재라고 생각하십니까?"

54 예수님께서 대답하셨습니다. "내가 나를 영광되게 한다면, 그 영광은 아무것도 아니다. 나를 영광되게 하는 분은 나의 아버지이시다. 그분은 너희가 우리 하나님이라고 부르는 바로 그분이시다.

55 너희는 그분을 모르지만 나는 그분을 안다. 만일 내가 그분을 모른다고 한다면, 나도 너희처럼 거짓말쟁이가 될

Jesus' Claims About Himself

48 The Jews answered him, "Aren't we right in saying that you are a Samaritan and demon-possessed?"

49 "I am not possessed by a demon," said Jesus, "but I honor my Father and you dishonor me.

50 I am not seeking glory for myself; but there is one who seeks it, and he is the judge.

51 Very truly I tell you, whoever obeys my word will never see death."

52 At this they exclaimed, "Now we know that you are demon-possessed! Abraham died and so did the prophets, yet you say that whoever obeys your word will never taste death.

53 Are you greater than our father Abraham? He died, and so did the prophets. Who do you think you are?"

54 Jesus replied, "If I glorify myself, my glory means nothing. My Father, whom you claim as your God, is the one who glorifies me.

55 Though you do not know him, I know him.

---

48 **right** [rait] 옳다, 바르다
Samaritan [səmaérətn] 사마리아인
49 **possessed** [pəzést] 홀린, (귀신) 들린
demon [díːmən] 악마, 악령
honor [ánər] 영광, 경의
dishonor [disánər] 명예를 빼앗다, 불명예
50 **seek** [siːk] 추구하다, 찾다
glory [glɔ́ːri] 영광

51 **obey** [oubéi] 복종하다, 따르다
death [deθ] 죽음
52 **exclaim** [ikskléim] 외치다, 절규하다
prophet [práfit] (the) 선지자
taste [teist] 맛보다
54 **glorify** [glɔ́ːrəfài] …을 찬미하다, 영광을 더하다
claim [kleim] 주장하다
55 **though** [ðou] 그러나, …일지라도

48

49

50

51

52

53

54

55

것이다. 그러나 나는 그분을 알고 그분의 말씀을 지킨다.

56 너희의 조상 아브라함은 내 날을 볼 것을 생각하며 기뻐하였다. 그는 그날을 보았고 기뻐하였다."

57 유대인들이 예수님께 말했습니다. "당신은 아직 오십 세도 안 되었는데 아브라함을 보았단 말이오?"

58 예수님께서 대답하셨습니다. "내가 너희에게 진리를 말한다. 아브라함이 태어나기 전에도 나는 존재한다."

59 예수님께서 이런 말씀을 하시자, 사람들은 예수님께 돌을 집어 던지려고 하였습니다. 그러자 예수님께서는 몸을 피해 성전 뜰을 빠져나가셨습니다.

나면서부터 앞 못 보는 사람을 고쳐 주심

9 예수님께서 걸어가실 때, 나면서부터 앞 못 보는 사람을 보셨습니다.

2 예수님의 제자들이 예수님께 물었습니다. "선생님, 이 사람이 이렇게 앞 못 보는 사람으로 태어난 것이 누구의 죄 때문입니까? 이 사람 때문입니까, 아니면 그의 부모 때문입니까?"

3 예수님께서 대답하셨습니다. "이 사람이나 그의 부모가 죄를 지어 이렇게 된 것이 아니다. 이 사람이 나면서부터 앞을 보지 못한 것은 하나님의 일을 그 사람의 생애를 통해 나타내기 위해서이다.

4 우리는 낮이 계속되는 동안, 나를 보내신 분의 일을 계속해야 한다. 아무

If I said I did not, I would be a liar like you, but I do know him and obey his word.

56 Your father Abraham rejoiced at the thought of seeing my day; he saw it and was glad."

57 "You are not yet fifty years old," they said to him, "and you have seen Abraham!"

58 "Very truly I tell you," Jesus answered, "before Abraham was born, I am!"

59 At this, they picked up stones to stone him, but Jesus hid himself, slipping away from the temple grounds.

Jesus Heals a Man Born Blind

9 As he went along, he saw a man blind from birth.

2 His disciples asked him, "Rabbi, who sinned, this man or his parents, that he was born blind?"

3 "Neither this man nor his parents sinned," said Jesus, "but this happened so that the works of God might be displayed in him.

4 As long as it is day, we must do the works of him who sent me. Night is coming, when no one can work.

---

55 **liar** [láiər] 거짓말쟁이
56 **rejoice** [ridʒɔ́is] 기뻐하다
   glad [glæd] 기쁜
59 **pick up**: 집다, 들다
   hide oneself: 몸을 감추다
   slip [slip] 미끄러지다, 사라지다
1 **go along**: 나아가다
   blind [blaind] 시각장애의, 눈먼

2 **disciple** [disáipl] 제자
   rabbi [ræbai] 랍비, 유대인 율법학자
   parent [péərənt] 부모, 양친
3 **neither A nor B**: A도 B도 아니다
   happen [hǽpən] 일어나다, 발생하다
   display [displéi] 보여주다, 눈에 잘 띄게 하다
4 **as long as**: 하는 한
   must [məst] 반드시 …하다

56

57

58

59

Jesus Heals a Man Born Blind

9

2

3

4

도 일할 수 없는 밤이 올 것이다.

5 내가 세상에 있는 동안, 나는 세상의 빛이다."

6 예수님께서는 이 말씀을 하신 후, 땅에 침을 뱉어 그것으로 진흙을 만드셨습니다. 그리고 그 진흙을 앞을 보지 못하는 사람의 눈에 발랐습니다.

7 예수님께서 그 사람에게 말씀하셨습니다. "실로암 샘에 가서 씻어라."(실로암은 '보냄을 받았다'라는 뜻입니다) 그 사람은 샘으로 가서 씻었고, 앞을 보게 되어 돌아왔습니다.

8 그 사람의 이웃이나, 전에 이 사람이 구걸하던 것을 본 적이 있던 사람들이 물었습니다. "이 사람은 앉아서 구걸하던 사람이 아니냐?"

9 "맞아, 이 사람이 그 사람이다'라고 말하는 사람이 있었는가 하면, "아니야, 이 사람은 전에 구걸하던 사람이 아니야. 단지 그와 비슷한 사람일 뿐이야'라고 우기는 사람도 있었습니다. 그러나 그 남자는 "내가 바로 그 사람입니다'라고 말했습니다.

10 그래서 사람들이 그 사람에게 물었습니다. "도대체 당신은 어떻게 눈을 뜨게 되었소?"

11 그 사람이 이렇게 대답했습니다. "예수라고 하는 분이 진흙을 만들어 그것을 내 눈에 바르고 실로암 샘에 가서 씻으라고 말씀하셨습니다. 내가 가서 씻었더니 보게 되었습니다."

12 사람들이 물었습니다. "그 사람이 지금 어디에 있소?" 그 남자는 "나도 모릅니다'라고 대답했습니다.

5 While I am in the world, I am the light of the world."

6 After saying this, he spit on the ground, made some mud with the saliva, and put it on the man's eyes.

7 "Go," he told him, "wash in the Pool of Siloam" (this word means "Sent"). So the man went and washed, and came home seeing.

8 His neighbors and those who had formerly seen him begging asked, "Isn't this the same man who used to sit and beg?"

9 Some claimed that he was. Others said, "No, he only looks like him." But he himself insisted, "I am the man."

10 "How then were your eyes opened?" they asked.

11 He replied, "The man they call Jesus made some mud and put it on my eyes. He told me to go to Siloam and wash. So I went and washed, and then I could see."

12 "Where is this man?" they asked him. "I don't know," he said.

The Pharisees Investigate the Healing

---

6 **spit** [spit] 뱉다, 침을 뱉다
　ground [graund] 땅, 지반
　mud [mʌd] 진흙
　saliva [səláivə] 침
　put [put] 놓다, 얹다, 넣다
7 **wash** [waʃ] 씻다, 닦다
　pool [pu:l] 물 웅덩이, 작은 못
8 **neighbor** [néibər] 이웃, 주변 사람

　formerly [fɔ́:rmərli] 이전에는, 원래는
　beg [beg] 구걸하다, 부탁하다
　used to: …하곤 했다, …였다
9 **claim** [kleim] 주장하다
　other [ʌ́ðər] (-s) 다른 사람들
　look like: 닮았다, …처럼 보이다
　insist [insíst] 강력히 주장하다
11 **reply** [riplái] 대답하다

5

6

7

8

9

10

11

12

The Pharisees Investigate the Healing

완고한 바리새인들

13 사람들은 전에 보지 못했던 사람을 바리새인들에게 데려갔습니다.

14 예수님께서 진흙을 만들어, 그 사람의 눈을 뜨게 해 준 날은 안식일이었습니다.

15 바리새인들은 다시 그 남자에게 그가 어떻게 보게 되었는지를 물었습니다. 그 사람이 이렇게 대답했습니다. "그분이 진흙을 내 눈에 발랐습니다. 내가 씻었더니 보게 되었습니다."

16 바리새인 중에는 "이 사람이 안식일을 지키지 않으므로, 그는 하나님께로부터 온 사람이 아니다!"라고 말하는 사람이 있었습니다. 한편, 어떤 사람은 "죄인이 어떻게 이와 같은 표적을 행할 수 있겠습니까?"라고 말하였습니다. 그래서 바리새인들 사이에 편이 갈렸습니다.

17 바리새인들은 그 남자에게 다시 물었습니다. "그분이 당신의 눈을 뜨게 하였는데, 당신은 그 사람에 대해 어떻게 생각합니까?" 그 남자가 대답했습니다. "그는 예언자입니다."

18 유대인들은 그 남자가 전에는 앞을 보지 못했는데, 이제는 보게 되었다는 사실을 믿지 않았습니다. 그래서 그들은 그 남자의 부모에게 사람을 보내어 물어보았습니다.

19 "이 사람이 당신의 아들 맞습니까? 당신들은 그가 나면서부터 보지 못하게 되었다고 이야기했는데, 그가 지금은 어떻게 해서 보게 되었습니까?"

13 They brought to the Pharisees the man who had been blind.

14 Now the day on which Jesus had made the mud and opened the man's eyes was a Sabbath.

15 Therefore the Pharisees also asked him how he had received his sight. "He put mud on my eyes," the man replied, "and I washed, and now I see."

16 Some of the Pharisees said, "This man is not from God, for he does not keep the Sabbath." But others asked, "How can a sinner perform such signs?" So they were divided.

17 Then they turned again to the blind man, "What have you to say about him? It was your eyes he opened." The man replied, "He is a prophet."

18 They still did not believe that he had been blind and had received his sight until they sent for the man's parents.

19 "Is this your son?" they asked. "Is this the one you say was born blind? How is it that now he can see?"

---

13 **bring** [briŋ] 데려오다, 가져오다
   Pharisee [fǽrisìː] 바리새인
   blind [blaind] 시각장애의, 눈먼
14 **mud** [mʌd] 진흙
   Sabbath [sǽbəθ] 안식일
15 **therefore** [ðɛ́ərfɔ̀ːr] 그러므로, 그래서
   receive [risíːv] 받다, 얻다
   sight [sait] 시력

   reply [riplái] 대답하다
16 **keep** [kiːp] 지키다, 유지하다
   sinner [sínər] 죄인
   perform [pərfɔ́ːrm] 수행하다, 실행하다
   divide [diváid] 나누다, 분열시키다
17 **prophet** [práfit] 예언자
18 **until** [əntíl] …할 때까지
   parent [péərənt] 부모, 양친

13

14

15

16

17

18

19

20 그의 부모가 대답하였습니다. "그 아이가 우리 아들인 것을 알겠고, 또 날 때부터 앞 못 보는 아이였다는 것도 알겠는데,

21 그 애가 지금은 어떻게 보게 되었는지, 또 누가 그 아이의 눈을 뜨게 해 주었는지, 우리도 잘 모르겠습니다. 우리 아이는 자기 문제에 대해서는 자기가 대답을 할 만큼 나이도 먹었으니, 그 아이에게 직접 물어보십시오."

22 그의 부모가 이렇게 말한 것은 유대인들을 두려워했기 때문입니다. 또한 유대인들은 예수를 그리스도라고 인정하는 사람은 누구든지 회당에서 쫓아내기로 이미 결정했기 때문입니다.

23 그래서 그 사람의 부모가 "그가 나이를 먹었으니 그에게 직접 물어보십시오"라고 대답했던 것입니다.

24 바리새인들은 전에 보지 못했던 사람을 두 번째로 불러 그에게 말했습니다. "하나님께 영광을 돌리시오. 우리는 그 사람이 죄인인 것을 알고 있소."

25 그가 대답했습니다. "그분이 죄인인지 아닌지는 모르겠습니다. 다만 제가 아는 한 가지는 전에 제가 앞을 보지 못했으나 이제는 본다는 사실입니다."

26 그들이 물었습니다. "그가 당신에게 무슨 행동을 했고, 그가 어떻게 당신 눈을 뜨게 했소?"

27 그 사람이 그들에게 대답했습니다. "내가 이미 당신들에게 다 말해 주

20 "We know he is our son," the parents answered, "and we know he was born blind.

21 But how he can see now, or who opened his eyes, we don't know. Ask him. He is of age; he will speak for himself."

22 His parents said this because they were afraid of the Jewish leaders, who already had decided that anyone who acknowledged that Jesus was the Messiah would be put out of the synagogue.

23 That was why his parents said, "He is of age; ask him."

24 A second time they summoned the man who had been blind. "Give glory to God by telling the truth," they said. "We know this man is a sinner."

25 He replied, "Whether he is a sinner or not, I don't know. One thing I do know. I was blind but now I see!"

26 Then they asked him, "What did he do to you? How did he open your eyes?"

27 He answered, "I have told you already and you did not listen. Why do you want to hear it again? Do you want to become his disciples

---

21 **age** [eidʒ] 나이, 연령
  speak for oneself: 자신을 변호하다
22 **be afraid of:** …을 두려워하다
  Jewish [dʒúːiʃ] 유대인의
  already [ɔːlrédi] 이미
  decide [disáid] 결정하다, 하기로 하다
  acknowledge [æknálidʒ] …인정하다, 동의하다
  Messiah [misáiə] 구세주, 메시아

  put out of: 밖으로 내보내다
  synagogue [sínəgàg] 유대교의 예배당
24 **summon** [sʌ́mən] 소환하다, 불러내다
  glory [glɔ́ːri] 영광
25 **whether** [hwéðər] …인지 어떤지
27 **listen** [lísn] 듣다, 귀기울이다
  become [bikʌ́m] …이 되다
  disciple [disáipl] 제자

20

21

22

23

24

25

26

27

었는데, 왜 들으려 하지 않습니까? 무엇을 다시 듣고 싶으십니까? 당신들도 그분의 제자가 되려고 그러십니까?"

28 그러자 바리새인들은 그 사람에게 욕을 하며 말했습니다. "당신은 그의 제자일지 모르지만, 우리는 모세의 제자들이오.

29 우리는 하나님께서 모세에게 말씀하셨다는 것을 압니다. 하지만 이 사람에 대해서는 그가 어디서 왔는지조차 모릅니다!"

30 그 남자가 대답했습니다. "정말 이상한 일입니다. 그 사람이 나의 눈을 고쳐 주었는데도 당신들은 그가 어디서 왔는지 모른다니 말입니다.

31 우리는 하나님께서 죄인의 말은 듣지 않으시지만, 경건하게 하나님의 뜻을 행하는 사람의 말은 들으신다고 알고 있습니다.

32 나면서부터 앞 못 보는 사람의 눈을 뜨게 하였다는 말을 들어 본 사람은 아무도 없습니다.

33 그분이 하나님으로부터 오신 분이 아니라면, 아무것도 할 수 없었을 것입니다."

34 이 말에 바리새인들은 이렇게 대답했습니다. "당신은 날 때부터 죄가 가득한 사람인데, 우리를 가르치려 하는가?" 그리고는 그 사람을 쫓아내 버렸습니다.

영적으로 보지 못하는 사람

35 예수님께서 바리새인들이 회당에서 그 사람을 쫓아냈다는 소식을 듣고 그 사람을 찾아 말씀하셨습니다. "너는 인자를 믿느냐?"

too?"

28 Then they hurled insults at him and said, "You are this fellow's disciple! We are disciples of Moses!

29 We know that God spoke to Moses, but as for this fellow, we don't even know where he comes from."

30 The man answered, "Now that is remarkable! You don't know where he comes from, yet he opened my eyes.

31 We know that God does not listen to sinners. He listens to the godly person who does his will.

32 Nobody has ever heard of opening the eyes of a man born blind.

33 If this man were not from God, he could do nothing."

34 To this they replied, "You were steeped in sin at birth; how dare you lecture us!" And they threw him out.

Spiritual Blindness

35 Jesus heard that they had thrown him out, and when he found him, he said, "Do you believe in the Son of Man?"

---

28 hurl [hə:rl] 욕을 퍼붓다, 내던지다
insult [insʌ́lt] 모욕하다
fellow [félou] 놈, 녀석, 동료
disciple [disáipl] 제자
29 as for: …에 관해서는
even [í:vən] …조차
30 remarkable [rimάːrkəbl] 놀라운
31 godly [gádli] 독실한

will [wəl] 의지, 뜻
32 nobody [nóubàdi] 아무도 …않다
34 reply [riplái] 대답하다
steeped [sti:pt] 깊이 스며든, 푹 빠진
at birth: 태어날 때
lecture [léktʃər] 강의, 훈계
throw out [θróuàut] 쫓아내다, 버리다
35 believe in: …(의 존재)를 믿다

28

29

30

31

32

33

34

Spiritual Blindness

35

36 그 남자가 대답했습니다. "선생님, 인자가 누구신지 말씀해 주십시오. 제가 그분을 믿겠습니다!"

37 예수님께서 그에게 말씀하셨습니다. "너는 이미 그분을 보았다. 지금 너와 함께 이야기하고 있는 사람이 바로 그 사람이다."

38 그러자 그 사람은 "주님, 제가 믿습니다!"라고 말하면서 예수님 앞에 무릎을 꿇었습니다.

39 예수님께서 말씀하셨습니다. "나는 심판하러 이 세상에 왔다. 보지 못하는 사람들은 보게 하고, 보는 사람들은 보지 못하게 하기 위해서이다."

40 예수님께서 이 말씀을 하실 때, 거기서 이 말씀을 들은 바리새인 몇 사람이 예수님께 물었습니다. "우리도 앞을 보지 못한단 말이오?"

41 예수님께서 대답하셨습니다. "너희가 앞을 보지 못하는 사람들이라면 죄가 없겠지만, 지금 너희가 '우리는 본다'고 말하니 너희 죄가 아직 있다."

목자와 양

10 "내가 너희에게 진리를 말한다. 양 우리에 문으로 들어가지 않고 다른 곳으로 넘어가는 사람은 도둑이며 강도다.

2 문으로 들어가는 사람이 양의 목자다.

3 문을 지키는 사람은 목자를 위해 문을 열어 준다. 양들은 목자의 음성을 듣고, 목자는 양들의 이름을 부

36 "Who is he, sir?" the man asked. "Tell me so that I may believe in him."

37 Jesus said, "You have now seen him; in fact, he is the one speaking with you."

38 Then the man said, "Lord, I believe," and he worshiped him.

39 Jesus said, "For judgment I have come into this world, so that the blind will see and those who see will become blind."

40 Some Pharisees who were with him heard him say this and asked, "What? Are we blind too?"

41 Jesus said, "If you were blind, you would not be guilty of sin; but now that you claim you can see, your guilt remains.

The Good Shepherd and His Sheep

10 "Very truly I tell you Pharisees, anyone who does not enter the sheep pen by the gate, but climbs in by some other way, is a thief and a robber.

2 The one who enters by the gate is the shepherd of the sheep.

3 The gatekeeper opens the gate for him, and the sheep listen to his voice. He calls his own

37 **in fact:** 사실, 실제로
38 **Lord** [lɔːrd] 주, 주인, 하나님
worship [wə́ːrʃip] 예배, 경배
39 **judgment** [dʒʌ́dʒmənt] 심판, 판단
come into: …에 들어오다
40 **Pharisee** [fǽrisìː] 바리새인
41 **guilty** [gílti] 유죄
claim [kleim] 주장하다

remain [riméin] 머무르다, 남다
1 **sheep pen** [ʃíːppèn] 양 우리
gate [geit] 문, 입구
climb [klaim] 넘다, 오르다
thief [θiːf] 도둑
robber [rɑ́bər] 강도
2 **shepherd** [ʃépərd] 양치기, 목자
3 **gatekeeper** [géitkìːpər] 문지기

36

37

38

39

40

41

The Good Shepherd and His Sheep

10

2

3

르며 그들을 밖으로 인도한다.

4 목자가 자기 양을 모두 밖으로 이끌어 낸 후, 양들 앞에서 걸어가면, 양들은 목자의 음성을 알기 때문에 그의 뒤를 따른다.

5 하지만 양들은 낯선 사람을 절대로 따라가지 않는다. 양들은 낯선 사람의 음성을 알지 못하기 때문에 그 사람에게서 멀리 도망간다."

6 예수님께서는 이 비유를 들어 사람들에게 말씀하셨습니다. 그러나 사람들은 그분이 자기들에게 하시는 말씀이 무슨 뜻인지 깨닫지 못했습니다.

선한 목자이신 예수님

7 예수님께서 다시 말씀하셨습니다. "내가 너희에게 진리를 말한다. 나는 양들의 문이다.

8 나보다 앞에 온 사람들은 다 도둑이며, 강도들이다. 양들은 그 사람들의 말을 듣지 않는다.

9 나는 문이다. 나를 통해 들어가는 사람은 구원을 얻을 것이다. 그 사람은 들어가기도 하고 나가기도 하며, 또 좋은 목초를 발견하기도 할 것이다.

10 도둑은 훔치고, 죽이고, 파괴하기 위한 목적으로 온다. 그러나 나는 양들이 생명을 더욱 풍성히 얻게 하기 위해 왔다."

11 "나는 선한 목자다. 선한 목자는 양을 위하여 자기 목숨을 내놓는다.

12 품삯을 받고 양을 돌보는 사람은 사

sheep by name and leads them out.

4 When he has brought out all his own, he goes on ahead of them, and his sheep follow him because they know his voice.

5 But they will never follow a stranger; in fact, they will run away from him because they do not recognize a stranger's voice."

6 Jesus used this figure of speech, but the Pharisees did not understand what he was telling them.

7 Therefore Jesus said again, "Very truly I tell you, I am the gate for the sheep.

8 All who have come before me are thieves and robbers, but the sheep have not listened to them.

9 I am the gate; whoever enters through me will be saved. They will come in and go out, and find pasture.

10 The thief comes only to steal and kill and destroy; I have come that they may have life, and have it to the full.

11 "I am the good shepherd. The good shepherd lays down his life for the sheep.

12 The hired hand is not the shepherd and does

---

3 **lead out:** 밖으로 끌어내다
4 **ahead of:** …의 앞에, …에 앞서서
5 **stranger** [stréindʒər] 낯선 사람, 이방인
  run away: 달아나다, 도망가다
  recognize [rékəgnàiz] 알다, 인식하다
6 **figure of speech:** 비유적 표현
  Pharisee [fǽrisìː] 바리새인
7 **therefore** [ðέərfɔ̀ːr] 그러므로, 그래서

  truly [trúːli] 진정, 진실로
9 **enter** [éntər] 들어가다
  pasture [pǽstʃər] 목초지
10 **steal** [stiːl] 도둑질하다
  destroy [distrɔ́i] 파괴하다, 무너뜨리다
  to the full: 충분히, 최대한으로
11 **lay down one's life:** 목숨을 버리다
12 **hired hand:** 고용인, 일꾼

4

5

6

7

8

9

10

11

12

실 목자가 아니며, 양도 자기 양이 아니다. 그 사람은 늑대가 오는 것을 보면, 양만 남겨두고 멀리 도망가 버린다. 그러면 늑대는 양을 공격하여 양들을 흩트린다.

13 그 사람은 단지 품삯을 받고 양을 치는 사람이기 때문에 그 양을 돌보지 않는다."

14 "나는 선한 목자다. 나도 내 양을 알고, 내 양도 나를 알아본다.

15 아버지께서 나를 아시듯이 나도 아버지를 안다. 그리고 나는 양을 위하여 목숨을 내놓는다.

16 내게는 이 우리 안에 있지 않은 다른 양들도 있다. 나는 그 양들도 인도해야 한다. 그 양들도 내 음성을 들을 것이다. 그래서 한 목자 아래서 한 무리가 될 것이다.

17 아버지께서 나를 사랑하시는 것은 내가 나의 목숨을 스스로 버리기 때문이다. 나는 목숨을 다시 얻기 위하여 목숨을 버린다.

18 아무도 내게서 목숨을 빼앗을 사람이 없고, 다만 내 스스로 생명을 내놓는 것이다. 나는 목숨을 내놓을 권세도 있고, 그것을 다시 찾을 권세도 있다. 나는 이 계명을 내 아버지에게서 받았다."

19 예수님의 이 말씀 때문에 유대인들 사이에 또다시 편이 갈리게 되었습니다.

20 이들 중 많은 사람이 "그가 귀신이 들렸다"고 하거나 "그가 미쳤다. 너

not own the sheep. So when he sees the wolf coming, he abandons the sheep and runs away. Then the wolf attacks the flock and scatters it.

13 The man runs away because he is a hired hand and cares nothing for the sheep.

14 "I am the good shepherd; I know my sheep and my sheep know me–

15 just as the Father knows me and I know the Father–and I lay down my life for the sheep.

16 I have other sheep that are not of this sheep pen. I must bring them also. They too will listen to my voice, and there shall be one flock and one shepherd.

17 The reason my Father loves me is that I lay down my life–only to take it up again.

18 No one takes it from me, but I lay it down of my own accord. I have authority to lay it down and authority to take it up again. This command I received from my Father."

19 The Jews who heard these words were again divided.

20 Many of them said, "He is demon-possessed and raving mad. Why listen to him?"

---

12 wolf [wulf] 늑대
abandon [əbaéndən] 버리다
attack [ətaék] 공격하다
flock [flak] 떼
scatter [skaétər] 분산시키다, 흩어버리다
13 care [kɛər] 보살피다, 돌보다
15 just as: 처럼, 만큼
lay down one's life: 목숨을 버리다

18 of one's own accord: 자발적으로
authority [əθɔ́ːrəti] 권한
command [kəmaénd] 명령하다
19 divide [diváid] 나누다, 분열시키다
20 demon [díːmən] 악마, 악령
possessed [pəzést] 홀린, (귀신) 들린
rave [reiv] 헛소리하다
mad [mæd] 미친

13

14

15

16

17

18

19

20

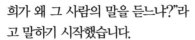

희가 왜 그 사람의 말을 듣느냐?"라
고 말하기 시작했습니다.

21 그러나 "이것은 귀신들린 사람의 말
이 아니다. 귀신이 앞을 보지 못하는
사람의 눈을 뜨게 할 수 있느냐?"라
고 말하는 사람들도 있었습니다.

유대인들이 돌로 치려 함

22 예루살렘에 수전절이 다가왔습니
다. 수전절은 겨울에 지키는 유대 명
절입니다.

23 예수님께서는 솔로몬 행각이 있는 성
전 뜰의 주변을 거닐고 계셨습니다.

24 유대인들이 예수님 주위에 모여들어
이렇게 물었습니다. "언제까지 우리
를 애태우게 할 작정입니까? 만일
당신이 그리스도라면 우리에게 터놓
고 그렇다고 말해 주십시오."

25 예수님께서 그 사람들에게 대답하셨습
니다. "내가 전에 말하였으나, 너희는
믿지 않았다. 내가 내 아버지의 이름으
로 행하는 일들이 나를 증언한다.

26 그러나 너희는 나의 양이 아니므로
믿지 않는다.

27 내 양은 나의 음성을 듣고, 나도 내
양을 안다. 내 양은 나를 따른다.

28 나는 그들에게 영생을 준다. 그들은 영
원히 멸망하지 않을 것이며, 아무도 그
들을 내 손에서 빼앗을 수 없을 것이다.

29 양들을 내게 주신 나의 아버지는 모
든 것보다 더 큰 분이시다. 그러므로
아무도 내 아버지의 손에서 내 양들

21 But others said, "These are not the sayings of a man possessed by a demon. Can a demon open the eyes of the blind?"

Further Conflict Over Jesus' Claims

22 Then came the Festival of Dedication at Jerusalem. It was winter,

23 and Jesus was in the temple courts walking in Solomon's Colonnade.

24 The Jews who were there gathered around him, saying, "How long will you keep us in suspense? If you are the Messiah, tell us plainly."

25 Jesus answered, "I did tell you, but you do not believe. The works I do in my Father's name testify about me,

26 but you do not believe because you are not my sheep.

27 My sheep listen to my voice; I know them, and they follow me.

28 I give them eternal life, and they shall never perish; no one will snatch them out of my hand.

29 My Father, who has given them to me, is greater than all; no one can snatch them out

---

21 **other** [ʌðər] (-s) 다른 사람들
possessed [pəzést] 홀린, (귀신) 들린
22 **festival** [féstəvəl] 축제, 행사
dedication [dèdikéiʃən] 헌납, 봉납
23 **temple** [témpl] (the) 성전
court [kɔ:rt] 뜰, 안 뜰
colonnade [kὰlənéid] 주랑, 줄기둥이 있는 복도
24 **Jew** [dʒu:] 유대인, 이스라엘인

gather [gaéðər] 모이다, 모여들다
in suspense: 궁금해하는
Messiah [misáiə] 구세주, 메시아
plainly [pléinli] 분명히, 명백히
25 **testify** [téstəfài] 증언하다, 증명하다
28 **eternal life:** 영생
perish [périʃ] 사라지다, 죽다
snatch [snætʃ] 빼앗다, 가로채다

21

Further Conflict Over Jesus' Claims

22

23

24

25

26

27

28

29

을 빼앗을 수 없다.

30 아버지와 나는 하나다."

31 유대인들이 다시금 돌을 집어 예수님께 던지려고 하였습니다.

32 그러나 예수님께서는 그들에게 이렇게 말씀하셨습니다. "나는 너희에게 아버지에게서 온 선한 일을 많이 보여주었다. 너희는 도대체 이 중에서 어떤 일 때문에 나에게 돌을 던지려 하느냐?"

33 유대인들이 대답했습니다. "우리는 당신이 행한 선한 일 때문에 당신에게 돌을 던지려는 것이 아니라 하나님을 모독한 말 때문에 그러는 것이오. 당신은 사람에 지나지 않는데도 자신을 하나님이라고 주장하고 있소!"

34 예수님께서 대답하셨습니다. "'내가 선언하는데, 너희는 다 신이다'라는 말이 너희 율법에 쓰여 있지 않느냐?

35 하나님께서 하나님 자신의 말씀을 받은 사람들을 신이라고 불렀으니 성경은 파기될 수 없다.

36 하나님께서 구별하여 세상에 보낸 사람에 대해서는 너희가 뭐라고 말하겠느냐? 내가 '나는 하나님의 아들이다'라고 말했다고 해서 너희가 어찌 나에게 하나님을 모독한다고 말을 하느냐?

37 만일 내가 내 아버지의 일을 하지 않는다면, 그때에는 나를 믿지 마라.

38 하지만 만일 내가 내 아버지의 일을 한다면, 나는 믿지 않는다 하더라도, 내가 하는 일은 믿어라. 그러면 너희는 아버지께서

of my Father's hand.

30 I and the Father are one."

31 Again his Jewish opponents picked up stones to stone him,

32 but Jesus said to them, "I have shown you many good works from the Father. For which of these do you stone me?"

33 "We are not stoning you for any good work," they replied, "but for blasphemy, because you, a mere man, claim to be God."

34 Jesus answered them, "Is it not written in your Law, 'I have said you are "gods"'?

35 If he called them 'gods,' to whom the word of God came–and Scripture cannot be set aside–

36 what about the one whom the Father set apart as his very own and sent into the world? Why then do you accuse me of blasphemy because I said, 'I am God's Son'?

37 Do not believe me unless I do the works of my Father.

38 But if I do them, even though you do not believe me, believe the works, that you may know and understand that the Father is in

---

31 **Jewish** [dʒúːiʃ] 유대인의
opponent [əpóunənt] 반대자, 대항 세력
pick up: 집다, 들다
stone [stoun] 돌을 던지다
33 **reply** [riplái] 대답하다
blasphemy [blǽsfəmi] 모독
mere [miər] 단순한, 단지
claim [kleim] 주장하다

34 **Law** [lɔː] 율법
35 **Scripture** [skríptʃər] 성경, 성서
aside [əsáid] 제쳐두고, 제외하고
36 **set apart:** 구별하다
send [send] 보내다, 파견하다
accuse [əkjúːz] 비난하다, 고소하다
37 **unless** [ənlés] …하지 않으면
38 **even though:** 비록 …이지만

30

31

32

33

34

35

36

37

38

내 안에, 그리고 내가 아버지 안에 있다는 사실을 알고, 그것을 깨닫게 될 것이다."

39 유대인들이 다시 예수님을 잡아 가려고 했지만, 예수님께서는 그들의 손에서 빠져나가셨습니다.

40 예수님께서는 다시 요단 강 동쪽, 전에 요한이 세례를 주던 곳으로 가셔서 거기 머물러 계셨습니다.

41 많은 사람이 예수님께 왔습니다. 그들이 "세례자 요한은 그 어떤 표적도 행하지 않았으나, 요한이 이분에 대해 이야기한 것은 다 사실이었다"고 말했습니다.

42 그곳에서 많은 사람이 예수님을 믿었습니다.

나사로의 죽음

11 나사로라고 하는 사람이 병이 들었습니다. 나사로는 마리아와 마리아의 언니 마르다와 함께 베다니라는 마을 사람이었습니다.

2 마리아는 주님께 향유를 붓고 자기의 머리카락으로 주님의 발을 씻어 주었던 바로 그 여인입니다. 마리아의 오빠 나사로가 병이 든 것입니다.

3 나사로의 여동생 마리아와 마르다는 예수님께 사람을 보내 "주님, 주님께서 사랑하시는 이가 병이 들었습니다"라고 전했습니다.

4 예수님께서 이 말을 듣고 말씀하셨습니다. "이 병은 죽게 될 병이 아니라 하나님의 영광을 위한 것이다. 이 병으로

me, and I in the Father."

39 Again they tried to seize him, but he escaped their grasp.

40 Then Jesus went back across the Jordan to the place where John had been baptizing in the early days. There he stayed,

41 and many people came to him. They said, "Though John never performed a sign, all that John said about this man was true."

42 And in that place many believed in Jesus.

The Death of Lazarus

11 Now a man named Lazarus was sick. He was from Bethany, the village of Mary and her sister Martha.

2 (This Mary, whose brother Lazarus now lay sick, was the same one who poured perfume on the Lord and wiped his feet with her hair.)

3 So the sisters sent word to Jesus, "Lord, the one you love is sick."

4 When he heard this, Jesus said, "This sickness will not end in death. No, it is for God's glory so that God's Son may be glorified through it."

---

39 seize [siːz] 잡다
escape [iskéip] 탈출하다, 벗어나다
grasp [græsp] 손아귀
40 across [əkrɔ́ːs] 건너서, 가로 질러서
baptize [bæptáiz] 세례를 베풀다
early [ə́ːrli] 일찍이, 전에
stay [stei] 머무르다, 지내다
41 though [ðou] 그러나, …일지라도

perform [pərfɔ́ːrm] 수행하다, 실행하다
sign [sain] 표시, 기적
1 village [vílidʒ] 마을
2 pour [pɔːr] 붓다, 따르다
wipe [waip] 닦다
3 send word: 말을 전하다
4 sickness [síknis] 질병
glorify [glɔ́ːrəfài] …을 찬미하다, 영광을 더하다

39

40

41

42

The Death of Lazarus

11

2

3

4

말미암아 하나님의 아들이 영광을 얻을 것이다."

5 예수님께서는 마르다와 마리아, 그리고 오빠 나사로를 사랑하셨습니다.

6 하지만 예수님께서는 나사로가 병들었다는 말을 듣고도, 지금 계신 곳에서 이틀을 더 지내셨습니다.

7 이틀 후 예수님께서는 제자들에게 "다시 유대 땅으로 가자"고 말씀하셨습니다.

8 제자들이 예수님께 말했습니다. "하지만 선생님, 방금 전에 유대인들이 주님을 돌로 쳐 죽이려고 하였는데, 다시 그곳으로 가려고 하십니까?"

9 예수님께서 대답하셨습니다. "하루 중 낮이 열두 시간이나 되지 않느냐? 사람이 낮에 걸어다니면, 그는 이 세상의 빛을 보기 때문에 넘어지지 않는다.

10 그러나 밤에 걸어다니면 그 사람 속에 빛이 없으므로 넘어진다."

11 예수님께서 이 말씀을 하신 후에 이렇게 덧붙이셨습니다. "우리 친구 나사로가 깊이 잠들었으니, 그를 깨우러 가야겠다."

12 그러자 제자들이 말했습니다. "주님, 나사로가 잠들었다면 낫게 될 것입니다."

13 예수님께서는 나사로가 죽은 것에 대해 말씀하셨지만, 예수님의 제자들은 나사로가 정말로 잠을 자고 있는 것으로 생각했습니다.

14 그때, 예수님께서 분명히 말씀하셨습니다. "나사로가 죽었다.

5 Now Jesus loved Martha and her sister and Lazarus.

6 So when he heard that Lazarus was sick, he stayed where he was two more days,

7 and then he said to his disciples, "Let us go back to Judea."

8 "But Rabbi," they said, "a short while ago the Jews there tried to stone you, and yet you are going back?"

9 Jesus answered, "Are there not twelve hours of daylight? Anyone who walks in the daytime will not stumble, for they see by this world's light.

10 It is when a person walks at night that they stumble, for they have no light."

11 After he had said this, he went on to tell them, "Our friend Lazarus has fallen asleep; but I am going there to wake him up."

12 His disciples replied, "Lord, if he sleeps, he will get better."

13 Jesus had been speaking of his death, but his disciples thought he meant natural sleep.

14 So then he told them plainly, "Lazarus is dead,

---

7 **disciple** [disáipl] 제자
8 **rabbi** [ræbai] 랍비, 유대인 율법학자
   while ago: 조금 전에
   Jew [dʒuː] 유대인, 이스라엘인
   try to: 시도하다
9 **daylight** [déilàit] 낮, 일광
   daytime [déitàim] 낮, 해가 떠서 질 때까지
   stumble [stʌmbl] 비틀거리다, 발이 걸리다

10 **person** [pə́ːrsn] 사람, 개인
11 **fall asleep**: 잠이 들다
    wake up: 깨다, 일어나다
12 **Lord** [lɔːrd] 주, 주인, 하나님
    get better: 나아지다
13 **death** [deθ] 죽음, 사망
    natural [nǽtʃərəl] 정상적인
14 **plainly** [pléinli] 분명히, 명백히

5

6

7

8

9

10

11

12

13

14

15 하지만 너희를 위해서는 내가 거기에 있지 않았던 것이 기쁘다. 이것은 너희들이 믿을 수 있도록 하기 위함이다. 그러나 이제 나사로에게 가자."

16 그때, 디두모라는 별명을 가진 도마가 다른 제자들에게 "우리도 주님과 함께 죽으러 가자"고 말했습니다.

부활이요 생명이신 예수님

17 예수님께서 나사로가 있는 곳에 도착했습니다. 그때 나사로는 이미 죽어 무덤 속에 있은 지 사 일이나 되었습니다.

18 베다니는 예루살렘에서 약 3킬로미터 조금 못 되는 곳에 있었습니다.

19 많은 유대인이 오빠를 잃은 마르다와 마리아를 위로하러 두 자매에게 왔습니다.

20 마르다는 예수님께서 오신다는 소식을 듣고 예수님을 마중 나갔고, 마리아는 집에 남아 있었습니다.

21 마르다가 예수님께 말했습니다. "주님, 주님께서 여기 계셨더라면 제 오빠가 죽지 않았을 것입니다.

22 그러나 지금이라도 주님께서 하나님께 구하시는 것은 무엇이든지 하나님께서 주시리라는 것을 알고 있습니다."

23 예수님께서 말씀하셨습니다. "네 오빠가 다시 살아날 것이다."

24 마르다가 대답했습니다. "마지막 날에 있을 부활 때, 제 오빠가 다시 살아난다는 것을 제가 압니다."

15 and for your sake I am glad I was not there, so that you may believe. But let us go to him."

16 Then Thomas (also known as Didymus) said to the rest of the disciples, "Let us also go, that we may die with him."

Jesus Comforts the Sisters of Lazarus

17 On his arrival, Jesus found that Lazarus had already been in the tomb for four days.

18 Now Bethany was less than two miles from Jerusalem,

19 and many Jews had come to Martha and Mary to comfort them in the loss of their brother.

20 When Martha heard that Jesus was coming, she went out to meet him, but Mary stayed at home.

21 "Lord," Martha said to Jesus, "if you had been here, my brother would not have died.

22 But I know that even now God will give you whatever you ask."

23 Jesus said to her, "Your brother will rise again."

24 Martha answered, "I know he will rise again in the resurrection at the last day."

---

15 **sake** [seik] 이익, 위함
　glad [glæd] 기쁜
　so that: …할 수 있도록
16 **known as:** …로 알려진
　rest [rest] 나머지
17 **arrival** [əráivəl] 도착, 도달
　already [ɔːlrédi] 이미
　tomb [tuːm] 무덤

18 **less than:** 미만, 이하의
19 **comfort** [kʌmfərt] 위로하다, 달래다
　loss [lɔːs] 잃음, 상실, 손실
20 **stay** [stei] 머무르다, 지내다
22 **whatever** [hwʌtévər] 무엇이든
23 **rise** [raiz] 다시 살아나다, 오르다
24 **resurrection** [rèzərékʃən] 부활
　the last: 최후의, 마지막의

15

16

Jesus Comforts the Sisters of Lazarus

17

18

19

20

21

22

23

24

25 예수님께서 마르다에게 말씀하셨습니다. "나는 부활이요 생명이다. 나를 믿는 사람은 설령 죽는다 해도 살 것이며,

26 살아서 나를 믿는 사람은 그 누가 되었든지 결코 죽지 않을 것이다. 네가 이것을 믿느냐?"

27 마르다가 대답했습니다. "네, 주님. 저는 주님께서 그리스도이시며, 세상에 오시기로 한 하나님의 아들이심을 믿습니다."

예수님께서 눈물을 흘리시다

28 마르다는 이 말을 하고는 집으로 돌아갔습니다. 마르다가 마리아를 따로 불러내 말했습니다. "선생님이 여기 오셔서 너를 찾으셔."

29 마리아는 이 말을 듣자마자 바로 일어나 예수님께로 갔습니다.

30 예수님께서는 마을로 들어오지 않으시고, 그때까지 줄곧 마르다를 만났던 곳에 계셨습니다.

31 마리아와 함께 집에 있으면서 마리아를 위로하던 유대인들은 마리아가 일어나 황급히 나가는 것을 보았습니다. 그들은 마리아의 뒤를 따라 나오면서, 마리아가 통곡하러 무덤에 가는 것이라고 생각했습니다.

32 마리아는 예수님께서 계신 곳으로 갔습니다. 마리아는 예수님을 보자, 그의 발아래 엎드려 이렇게 말했습니다. "주님, 주님께서 여기 계셨더라면,

25 Jesus said to her, "I am the resurrection and the life. The one who believes in me will live, even though they die;

26 and whoever lives by believing in me will never die. Do you believe this?"

27 "Yes, Lord," she replied, "I believe that you are the Messiah, the Son of God, who is to come into the world."

28 After she had said this, she went back and called her sister Mary aside. "The Teacher is here," she said, "and is asking for you."

29 When Mary heard this, she got up quickly and went to him.

30 Now Jesus had not yet entered the village, but was still at the place where Martha had met him.

31 When the Jews who had been with Mary in the house, comforting her, noticed how quickly she got up and went out, they followed her, supposing she was going to the tomb to mourn there.

32 When Mary reached the place where Jesus was and saw him, she fell at his feet and said, "Lord, if you had been here, my brother

---

25 resurrection [rèzərékʃən] 부활
believe in: …(의 존재)를 믿다
even though: 비록 …이지만
26 live by: …으로 살다
27 reply [riplái] 대답하다
Messiah [misáiə] 구세주, 메시아
come into: …에 들어오다
28 aside [əsáid] 조금 떨어진 곳에, 따로

ask for: …을 찾아오다
29 quickly [kwíkli] 빨리, 신속히
30 enter [éntər] 들어가다
village [vílidʒ] 마을
31 notice [nóutis] 알아차리다, 주목하다
suppose [səpóuz] 생각하다, 가정하다
mourn [mɔ:rn] 애도하다, 추모하다
32 reach [ri:tʃ] 도착하다, 닿다

25

26

27

28

29

30

31

32

저의 오빠가 죽지 않았을 것입니다."

33 예수님께서 마리아와 마리아의 뒤를 따라온 유대인들이 우는 것을 보셨습니다. 예수님의 마음은 격한 감정이 들면서 몹시 아프셨습니다.

34 예수님께서 말씀하셨습니다. "나사로를 어디에 두었느냐?" 그들이 대답했습니다. "와서 보십시오, 주님."

35 그러자 예수님께서 눈물을 흘리셨습니다.

36 그것을 보고 유대인들이 말했습니다. "예수님께서 나사로를 얼마나 사랑하였는가 보아라."

37 그러나 그들 중에는 "앞 못 보는 사람의 눈도 뜨게 한 사람이, 나사로가 죽지 않게 할 수는 없었나?"라고 말하는 사람도 있었습니다.

예수님께서 나사로를 살리시다

38 예수님께서는 몹시 아픈 마음으로 무덤에 가셨습니다. 그 무덤은 입구를 커다란 돌로 막은 굴이었습니다.

39 예수님께서 "돌을 옮겨 놓으라"고 말씀하셨습니다. 죽은 나사로의 여동생 마르다가 예수님께 말씀드렸습니다. "주님, 오빠가 죽어 무덤에 있은 지, 이미 사일이나 되어 냄새가 심하게 납니다."

40 예수님께서 마르다에게 말씀하셨습니다. "네가 믿으면 하나님의 영광을 볼 것이라고 내가 너에게 말하지 않았느냐?"

41 그래서 사람들이 입구에서 돌을 옮겨 놓았습니다. 그때, 예수님께서는 고개를 들어 하늘을 보시며 말씀하셨습니다

would not have died."

33 When Jesus saw her weeping, and the Jews who had come along with her also weeping, he was deeply moved in spirit and troubled.

34 "Where have you laid him?" he asked. "Come and see, Lord," they replied.

35 Jesus wept.

36 Then the Jews said, "See how he loved him!"

37 But some of them said, "Could not he who opened the eyes of the blind man have kept this man from dying?"

Jesus Raises Lazarus From the Dead

38 Jesus, once more deeply moved, came to the tomb. It was a cave with a stone laid across the entrance.

39 "Take away the stone," he said. "But, Lord," said Martha, the sister of the dead man, "by this time there is a bad odor, for he has been there four days."

40 Then Jesus said, "Did I not tell you that if you believe, you will see the glory of God?"

41 So they took away the stone. Then Jesus

---

33 **weep** [wiːp] 울다, 눈물을 흘리다
Jew [dʒuː] 유대인, 이스라엘인
come along with: 동행하다, 함께 오다
deeply [díːpli] 깊이, 몹시
move [muːv] 감동시키다, (어떤 감정을) 품다
troubled [trʌbld] 괴로운, 곤란한
34 **lay** [lei] 눕다, 놓다
37 **blind** [blaind] 시각장애의, 눈먼

38 **once more:** 한 번 더
tomb [tuːm] 무덤
cave [keiv] 동굴
across [əkrɔ́ːs] 가로질러서
entrance [éntrəns] 입구
39 **take away:** 치우다, 제거하다
odor [óudər] 악취, 냄새
40 **glory** [glɔ́ːri] 영광

33

34

35

36

37

Jesus Raises Lazarus From the Dead

38

39

40

41

다. "아버지, 지금까지 제 말을 들어 주셔서 감사합니다.

42 아버지께서는 언제나 제 말을 들으시는 줄을 제가 압니다. 그러나 저는 주위에 있는 이 사람들을 위하여, 그들이 아버지께서 저를 보내셨음을 믿게 하기 위하여 이 말을 한 것입니다."

43 예수님께서는 이 말씀을 하신 후, 큰 소리로 말씀하셨습니다. "나사로야, 나오너라!"

44 죽은 사람이 밖으로 나왔습니다. 그의 손과 발은 천으로 감겨져 있었으며, 얼굴도 천으로 둘러싸여 있었습니다. 예수님께서는 사람들에게 "천을 풀어주어 다니게 하여라" 하고 말씀하셨습니다.

예수님을 죽이려는 음모

45 마리아에게 조문하러 왔던 유대인들은 예수님께서 하신 일을 보고는 그분을 믿었습니다.

46 그러나 그들 중 어떤 유대인들은 바리새인들에게 가서 예수님께서 하신 일을 일러바쳤습니다.

47 그러자 대제사장들과 바리새인들은 산헤드린을 열어 의견을 물었습니다. "어떻게 하면 좋겠습니까? 이 사람은 많은 표적을 행하고 있습니다.

48 만일 우리가 이 사람이 하는 대로 계속 내버려 둔다면, 모든 사람이 그를 믿을 것입니다. 그러면 로마 사

looked up and said, "Father, I thank you that you have heard me.

42 I knew that you always hear me, but I said this for the benefit of the people standing here, that they may believe that you sent me."

43 When he had said this, Jesus called in a loud voice, "Lazarus, come out!"

44 The dead man came out, his hands and feet wrapped with strips of linen, and a cloth around his face. Jesus said to them, "Take off the grave clothes and let him go."

The Plot to Kill Jesus

45 Therefore many of the Jews who had come to visit Mary, and had seen what Jesus did, believed in him.

46 But some of them went to the Pharisees and told them what Jesus had done.

47 Then the chief priests and the Pharisees called a meeting of the Sanhedrin. "What are we accomplishing?" they asked. "Here is this man performing many signs.

48 If we let him go on like this, everyone will believe in him, and then the Romans will

---

42 **always** [ɔ́:lweiz] 항상, 언제나
　benefit [bénəfit] 이익, 이득
43 **loud** [laud] 큰, 시끄러운
44 **wrap** [ræp] 감싸다, 두르다
　strip [strip] 띠, 길쭉한 조각
　linen [línən] 리넨, 아마포
　cloth [klɔːθ] 천
　take off: 벗기다

　grave [greiv] 무덤
45 **therefore** [ðέərfɔ̀:r] 그러므로, 그래서
　visit [vízit] 방문하다
46 **Pharisee** [fǽrisì:] 바리새인
47 **chief priest**: 대제사장
　Sanhedrin [sænhédrin] 유대의 최고 의회
　accomplish [əkámpliʃ] 이루어내다, 성취하다
　perform [pərfɔ́:rm] 수행하다, 실행하다

42

43

44

The Plot to Kill Jesus

45

46

47

48

람들이 와서 우리 땅과 민족을 모두 빼앗아 버릴 것입니다."

49 그들 중에 가야바라는 한 사람이 있었습니다. 가야바는 그해의 대제사장이었습니다. 가야바가 이렇게 말했습니다. "여러분들은 아무것도 모르시는군요.

50 민족 전체가 멸망당하는 것보다는 한 사람이 백성을 위하여 죽는 것이 더 낫다는 사실을 깨닫지 못하십니까?"

51 이 말은 가야바가 스스로 한 말이 아니었습니다. 그는 그해의 대제사장이었으므로, 예수님께서 유대 민족을 위해 죽게 될 것을 예언한 것이었습니다.

52 가야바는 예수님께서 유대 민족만이 아니라 사방에 흩어져 있는 하나님의 자녀들을 하나로 만들기 위해 죽으실 것을 예언한 것입니다.

53 그날 이후, 유대의 지도자들은 예수님을 죽일 계획을 세우기 시작했습니다.

54 예수님께서는 더 이상 유대인들이 있는 곳에 공공연히 다니지 않으셨습니다. 예수님께서는 그곳을 떠나 광야 근처에 있는 에브라임이라는 마을로 가서 제자들과 함께 거기서 지내셨습니다.

55 유대인의 명절인 유월절이 가까이 다가왔습니다. 유월절이 되기도 전에 많은 사람들이 자신을 깨끗하게 하기 위해 시골에서 예루살렘으로 올라왔습니다.

come and take away both our temple and our nation."

49 Then one of them, named Caiaphas, who was high priest that year, spoke up, "You know nothing at all!

50 You do not realize that it is better for you that one man die for the people than that the whole nation perish."

51 He did not say this on his own, but as high priest that year he prophesied that Jesus would die for the Jewish nation,

52 and not only for that nation but also for the scattered children of God, to bring them together and make them one.

53 So from that day on they plotted to take his life.

54 Therefore Jesus no longer moved about publicly among the people of Judea. Instead he withdrew to a region near the wilderness, to a village called Ephraim, where he stayed with his disciples.

55 When it was almost time for the Jewish Passover, many went up from the country to Jerusalem for their ceremonial cleansing

---

48 **take away:** 빼앗다
both A and B: A와 B 둘 다
temple [témpl] 성전, 사원
nation [néiʃən] 국가, 나라
49 **at all:** 전혀, 조금도
50 **realize** [rí:əlàiz] 깨닫다, 알다
perish [périʃ] 사라지다, 죽다
51 **prophesy** [práfəsài] 예언하다

52 **scatter** [skǽtər] 분산시키다, 흩어버리다
53 **plot** [plat] 음모를 꾸미다
54 **no longer:** 더 이상 …않다
publicly [pʌ́blikli] 공개적으로, 공공연하게
instead [instéd] 대신에
withdraw [wiðdrɔ́] 철수하다, 물러나다
region [rí:dʒən] 지역, 지방
55 **ceremonial** [sèrəmóuniəl] 의식, 예식

49

50

51

52

53

54

55

56 사람들은 부지런히 예수님을 찾았습니다. 그들은 성전 뜰에 서서 서로 물었습니다. "당신들 생각은 어떻소? 그분이 명절에 안 오시지는 않겠지요?"

57 그러나 대제사장들과 바리새인들은 누구든지 예수님께서 계신 곳을 알기만 하면 반드시 자기들에게 알려야 한다고 명령을 내렸습니다. 그것은 예수님을 체포하기 위해서였습니다.

예수님의 발에 향유를 바른 여인

12 유월절 육 일 전에 예수님께서는 나사로가 살고 있는 베다니로 가셨습니다. 나사로는 예수님께서 죽은 자 가운데서 살리셨던 그 사람입니다.

2 그 집 사람들은 예수님께 저녁 식사를 대접하였습니다. 마르다는 음식을 접대하는 일을 맡았고, 나사로는 예수님과 함께 식사하는 사람들 속에 있었습니다.

3 마리아가 매우 비싼 나드 향유 약 300그램을 가져와서 예수님의 발에 붓고, 자기의 머리카락으로 그 발을 닦았습니다. 그러자 그 향기가 온 집 안에 가득하였습니다.

4 예수님의 제자 중 한 사람인 가룟 사람 유다가 그곳에 있었습니다. 그는 나중에 예수님을 배반할 사람이었습니다. 유다가 말했습니다.

5 "이 향유를 팔아 그 돈을 가난한 사

before the Passover.

56 They kept looking for Jesus, and as they stood in the temple courts they asked one another, "What do you think? Isn't he coming to the festival at all?"

57 But the chief priests and the Pharisees had given orders that anyone who found out where Jesus was should report it so that they might arrest him.

Jesus Anointed at Bethany

12 Six days before the Passover, Jesus came to Bethany, where Lazarus lived, whom Jesus had raised from the dead.

2 Here a dinner was given in Jesus' honor. Martha served, while Lazarus was among those reclining at the table with him.

3 Then Mary took about a pint of pure nard, an expensive perfume; she poured it on Jesus' feet and wiped his feet with her hair. And the house was filled with the fragrance of the perfume.

4 But one of his disciples, Judas Iscariot, who was later to betray him, objected,

5 "Why wasn't this perfume sold and the

---

55 **Passover** [pǽ'sou̯ˌvər] 유월절
57 **order** [ɔ́:rdər] 명령하다
   arrest [ərést] 체포하다
1 **raise** [reiz] 되살리다
2 **serve** [sə:rv] 제공하다, 대접하다
   recline [rikláin] 기대다, 뒤로 젖히다
3 **pint** [paint] 파인트(액량의 단위)
   pure [pjuər] 순전한, 불순물이 없는

nard [na:rd] 나드, 고대의 연고 원료
expensive [ikspénsiv] 비싼, 고가의
perfume [pə́:rfju:m] 향기, 향수
pour [pɔ:r] 붓다, 따르다
wipe [waip] 닦다, 훔치다
fragrance [fréigrəns] 향기, 향수
4 **betray** [bitréi] 배반하다, 배신하다
   object [əbdʒékt] 반대하다, 싫어하다

56

57

Jesus Anointed at Bethany

12

2

3

4

5

람들에게 나누어 주는 것이 좋지 않은 가? 이것은 삼백 데나리온에 해당하는 값비싼 것인데 말이야."

6 그러나 유다가 정말로 가난한 사람들을 생각해서 이 말을 한 것은 아니었습니다. 그는 도둑이었기 때문에 이런 말을 한 것입니다. 그는 돈주머니를 관리하는 사람이었는데, 종종 돈주머니에서 돈을 제 마음대로 꺼내 쓰곤 하였습니다.

7 예수님께서 말씀하셨습니다. "이 여자가 하는 대로 내버려 두어라. 마리아는 내 장례를 치를 날을 위해 이 향유를 준비해 둔 것이다.

8 가난한 사람들은 너희와 항상 함께 있겠지만, 나는 너희와 항상 함께 있지는 않을 것이다."

나사로를 죽이려고 모의함

9 유대인들이 예수님께서 베다니에 계시다는 소식을 들었습니다. 그래서 그들은 예수님만이 아니라 예수님께서 죽은 자 가운데서 살리신 나사로도 보려고, 크게 무리를 지어 그곳으로 왔습니다.

10 그러자 대제사장들은 나사로까지 죽이려고 모의하였습니다.

11 이렇게 그들이 나사로를 죽이려고 하는 것은, 나사로 때문에 많은 유대인이 예수님께 가서 그분을 믿었기 때문입니다.

예루살렘으로 입성하심

12 다음 날, 유월절을 지키러 온 많은 무리들은 예수님께서 예루살렘으로 오신다는 소식을 들었습니다.

money given to the poor? It was worth a year's wages."

6 He did not say this because he cared about the poor but because he was a thief; as keeper of the money bag, he used to help himself to what was put into it.

7 "Leave her alone," Jesus replied. "It was intended that she should save this perfume for the day of my burial.

8 You will always have the poor among you, but you will not always have me."

9 Meanwhile a large crowd of Jews found out that Jesus was there and came, not only because of him but also to see Lazarus, whom he had raised from the dead.

10 So the chief priests made plans to kill Lazarus as well,

11 for on account of him many of the Jews were going over to Jesus and believing in him.

Jesus Comes to Jerusalem as King

12 The next day the great crowd that had come for the festival heard that Jesus was on his way to Jerusalem.

---

5 **poor** [puər] 가난한, 빈곤한
　worth [wəːrθ] 가치있는, …어치
　wage [weidʒ] 급여, 삯
6 **not A but B:** A가 아니라 B
　care [kɛər] 보살피다, 돌보다
　thief [θiːf] 도둑
　used to: …하곤 했다, …였다
7 **leave … alone:** 내버려두다, 하게 두다

　intend [inténd] 의도하다, 작정하다
　burial [bériəl] 장례
9 **meanwhile** [míːnwàil] …동안
　crowd [kraud] 군중
　Jew [dʒuː] 유대인, 이스라엘인
10 **chief priest:** 대제사장
　as well: …도 또한, 마찬가지로
11 **on account of:** … 때문에, 이유로

6

7

8

9

10

11

Jesus Comes to Jerusalem as King

12

13 그들은 손에 종려나무 가지를 들고 예수님을 맞으러 나갔습니다. 그리고 외쳤습니다. "호산나! 주님의 이름으로 오시는 자에게 복이 있을 것이다. 이스라엘의 왕에게 복이 있을 것이다."

14 예수님께서는 어린 나귀를 발견하시고는, 성경에 기록된 대로 그 위에 타셨습니다.

15 "시온의 딸아, 두려워하지 마라! 보아라. 너의 왕이 오신다. 그분은 어린 나귀를 타셨다."

16 예수님의 제자들은 처음에 이 말씀을 깨닫지 못했습니다. 그러나 예수님께서 영광을 받으신 뒤에야 비로소 이 말씀이 예수님에 관해 기록된 것이라는 사실과 사람들이 예수님께 이렇게 하였다는 것을 알게 되었습니다.

17 예수님께서 나사로를 무덤 밖으로 불러내시고 그를 죽은 자 가운데서 다시 살리실 때, 예수님과 함께 있던 많은 군중들은 계속해서 예수님께서 행하신 일을 증언하였습니다.

18 이처럼 많은 사람이 예수님께서 행하신 이 표적에 대한 소문을 들었기 때문에 예수님을 맞으러 나왔던 것입니다.

19 그래서 바리새인들은 자기들끼리 이렇게 말했습니다. "보시다시피 우리 계획은 하나도 성공을 거두지 못했습니다. 온 세상이 저 사람을 따르고 있지 않습니까!"

예수님께서 자신의 죽음을 예고하심

13 They took palm branches and went out to meet him, shouting, "Hosanna!" "Blessed is he who comes in the name of the Lord!" "Blessed is the king of Israel!"

14 Jesus found a young donkey and sat on it, as it is written:

15 "Do not be afraid, Daughter Zion; see, your king is coming, seated on a donkey's colt."

16 At first his disciples did not understand all this. Only after Jesus was glorified did they realize that these things had been written about him and that these things had been done to him.

17 Now the crowd that was with him when he called Lazarus from the tomb and raised him from the dead continued to spread the word.

18 Many people, because they had heard that he had performed this sign, went out to meet him.

19 So the Pharisees said to one another, "See, this is getting us nowhere. Look how the whole world has gone after him!"

Jesus Predicts His Death

---

13 **palm** [pɑ:m] 종려잎
branch [bræntʃ] 가지
shout [ʃaut] 외치다, 소리지르다
hosanna [houzaénə] 호산나, 우리를 구원하소서
14 **donkey** [dάŋki] 당나귀
15 **afraid** [əfréid] 두려워하다
daughter [dɔ́:tər] 딸
colt [koult] 수망아지

16 **disciple** [disáipl] 제자
glorify [glɔ́:rəfài] …을 찬미하다, 영광을 더하다
realize [rí:əlàiz] 깨닫다, 알다
17 **tomb** [tu:m] 무덤
continue [kəntínju:] 계속하다
19 **Pharisee** [faérisì:] 바리새인
get nowhere: 성과를 얻지 못하다, 효과가 없다
go after: 추구하다

13

14

15

16

17

18

19

Jesus Predicts His Death

20 유월절에 예배드리기 위해 예루살렘에 온 사람들 중에 그리스 사람들이 더러 있었습니다.

21 이 사람들이 갈릴리 벳새다 출신인 빌립에게 와서 요청했습니다. "선생님, 우리가 예수님을 뵙고 싶습니다."

22 빌립이 안드레에게 가서 말하였고, 안드레와 빌립은 다시 예수님께 그 말을 전했습니다.

23 예수님께서 그들에게 대답하셨습니다. "인자가 영광을 받을 때가 왔다.

24 내가 너희에게 진리를 말한다. 밀알이 땅에 떨어져 죽지 않으면 한 알 그대로 있지만, 죽으면 많은 열매를 맺는 법이다.

25 자기 목숨을 사랑하는 사람은 목숨을 잃을 것이지만 이 세상에서 자기 목숨을 미워하는 사람은 영원히 목숨을 보존할 것이다.

26 누구든지 나를 섬기려면 나를 따르라. 내가 있는 곳에 나를 섬기는 사람도 있을 것이다. 나를 섬기는 사람은 내 아버지께서 높이실 것이다."

인자가 들려야 하리라

27 "지금 내 마음이 무척 괴로우니 무슨 말을 하겠습니까? 아버지, 이때를 벗어나게 해 주십시오. 아닙니다. 나는 이 일 때문에 이때에 온 것입니다.

28 아버지, 아버지의 이름을 영화롭게 하소서!" 그때, 하늘로부터, "내가 이미 영화롭게 하였고, 또다시 영화롭게

20 Now there were some Greeks among those who went up to worship at the festival.

21 They came to Philip, who was from Bethsaida in Galilee, with a request. "Sir," they said, "we would like to see Jesus."

22 Philip went to tell Andrew; Andrew and Philip in turn told Jesus.

23 Jesus replied, "The hour has come for the Son of Man to be glorified.

24 Very truly I tell you, unless a kernel of wheat falls to the ground and dies, it remains only a single seed. But if it dies, it produces many seeds.

25 Anyone who loves their life will lose it, while anyone who hates their life in this world will keep it for eternal life.

26 Whoever serves me must follow me; and where I am, my servant also will be. My Father will honor the one who serves me.

27 "Now my soul is troubled, and what shall I say? 'Father, save me from this hour'? No, it was for this very reason I came to this hour.

28 Father, glorify your name!" Then a voice came from heaven, "I have glorified it, and

---

20 **Greek** [griːk] 그리스의, 그리스인
worship [wə́ːrʃip] 예배, 경배
festival [féstəvəl] 축제, 행사
21 **request** [rikwést] 요구, 요청
23 **glorify** [glɔ́ːrəfài] …을 찬미하다, 영광을 더하다
24 **truly** [trúːli] 진정, 진실로
unless [ənlés] …하지 않으면
kernel [kə́ːrnl] 낟알

remain [riméin] 머무르다, 남다
seed [siːd] 씨앗
produce [prədjúːs] 생산하다, 만들다
25 **hate** [heit] 싫어하다
eternal life: 영생
26 **servant** [sə́ːrvənt] 하인, 종
27 **troubled** [trʌbld] 괴로운, 곤란한
very [véri] (this 뒤에서) 바로, 다름 아닌

20

21

22

23

24

25

26

27

28

할 것이다"라는 소리가 들렸습니다.

29 곁에 서서 이 소리를 들은 많은 사람이 천둥소리가 들렸다고 말했습니다. 그러나 그 사람들 중에는 "천사가 그에게 말하였다"라고 하는 사람들도 있었습니다.

30 예수님께서는 이렇게 대답하셨습니다. "이 소리는 나를 위해서가 아니라, 너희를 위해서 들린 것이다.

31 이제 이 세상을 심판할 때가 되었다. 이제 이 세상의 통치자가 쫓겨날 것이다.

32 내가 땅에서 들려 올라가게 되면, 나는 모든 사람을 내게로 이끌 것이다."

33 예수님께서 이런 말씀을 하신 것은 자신이 어떤 식으로 죽을 것인가를 보이려는 것이었습니다.

34 군중은 이 말을 듣자, 이렇게 말했습니다. "우리는 율법에서 그리스도가 영원히 계실 것이라고 들었습니다. 그런데 당신은 어떻게 해서 '인자가 들려야 한다'고 말씀하십니까? 당신이 말씀하시는 '인자'란 도대체 누구입니까?"

35 그러자 예수님께서 대답하셨습니다. "빛이 잠시만 더 너희와 함께 있을 것이다. 빛이 있을 때에 다니면 너희는 어둠에 사로잡히지 않을 것이다. 어둠 속에서 다니는 사람은 자기가 어디로 가는지 모른다.

36 빛이 너희에게 있을 동안 빛을 믿어라. 그러면 너희는 빛의 아들이 될

will glorify it again."

29 The crowd that was there and heard it said it had thundered; others said an angel had spoken to him.

30 Jesus said, "This voice was for your benefit, not mine.

31 Now is the time for judgment on this world; now the prince of this world will be driven out.

32 And I, when I am lifted up from the earth, will draw all people to myself."

33 He said this to show the kind of death he was going to die.

34 The crowd spoke up, "We have heard from the Law that the Messiah will remain forever, so how can you say, 'The Son of Man must be lifted up'? Who is this 'Son of Man'?"

35 Then Jesus told them, "You are going to have the light just a little while longer. Walk while you have the light, before darkness overtakes you. Whoever walks in the dark does not know where they are going.

36 Believe in the light while you have the light, so that you may become children of light."

29 thunder [θʌndər] 천둥
30 benefit [bénəfit] 이익, 이득
31 judgment [dʒʌdʒmənt] 심판, 판단
　prince [prins] (the) 일인자
　be driven out: 내몰리다
32 lift [lift] 들어 올리다
　draw [drɔ:] 이끌다, 끌다
34 Law [lɔ:] (the) 율법

　Messiah [misáiə] 구세주, 메시아
　remain [riméin] 머무르다, 남다
　must [məst] 반드시 …하다
35 a little while: 잠시
　overtake [ouˈvərteiˌk] 닥치다, 압도하다
　whoever [hu:évər] 누구나
36 believe in: …(의 존재)를 믿다
　so that: …할 수 있도록

29

30

31

32

33

34

35

36

것이다." 예수님께서는 이 말씀을 하시고 그들을 떠나 숨으셨습니다.

유대인들의 불신앙

37 예수님께서 이 모든 표적을 사람들 앞에서 행하셨지만, 그들은 여전히 예수님을 믿으려 하지 않았습니다.

38 이것은 이사야 예언자의 말씀이 이루어진 것입니다. "주님이시여, 우리가 전한 것을 누가 믿었습니까? 주님의 능력이 누구에게 나타났습니까?"

39 이런 이유 때문에, 사람들은 믿을 수가 없었습니다. 다시 이사야 예언자는 말하였습니다.

40 "주님께서 그들의 눈을 멀게 하시고 그들의 마음을 완고하게 하셨으니 그들이 눈으로 보고 마음으로 깨닫고 돌아와 고침을 받지 못하게 하려는 것이다."

41 이사야가 이런 말을 한 것은 그가 예수님의 영광을 보고, 예수님에 관하여 말했기 때문입니다.

42 그러나 동시에 지도자들 중에서도 예수님을 믿는 사람이 많이 생겼습니다. 하지만 그들은 바리새인들 때문에 예수님을 믿는다고 고백하지는 못했습니다. 그들은 회당에서 쫓겨날까 두려워했습니다.

43 그들은 사람에게 칭찬받는 것을 하나님께 칭찬받는 것보다 더 좋아했

When he had finished speaking, Jesus left and hid himself from them.

Belief and Unbelief Among the Jews

37 Even after Jesus had performed so many signs in their presence, they still would not believe in him.

38 This was to fulfill the word of Isaiah the prophet: "Lord, who has believed our message and to whom has the arm of the Lord been revealed?"

39 For this reason they could not believe, because, as Isaiah says elsewhere:

40 "He has blinded their eyes and hardened their hearts, so they can neither see with their eyes, nor understand with their hearts, nor turn–and I would heal them."

41 Isaiah said this because he saw Jesus' glory and spoke about him.

42 Yet at the same time many even among the leaders believed in him. But because of the Pharisees they would not openly acknowledge their faith for fear they would be put out of the synagogue;

43 for they loved human praise more than

---

36 finish [fíniʃ] 마치다, 끝나다
   hide [haid] 숨다, 숨어 있다
37 even after: …한 후에도 여전히
   presence [prézns] (one's) 바로 곁, 앞에서
38 fulfill [fulfíl] 이루다, 성취하다
   prophet [práfit] 예언자
   arm [a:rm] 힘, 권력
   reveal [rivíːl] 드러내다, 보여주다

39 elsewhere [élshwɛər] 다른 곳
40 blind [blaind] 시각장애의, 눈먼
   harden [háːrdn] 단단하게 하다, 굳히다
   neither A nor B: A도 B도 아니다
42 among [əmʌ́ŋ] 사이에
   acknowledge [æknálidʒ] …인정하다, 동의하다
   synagogue [sínəgàg] 유대교의 예배당
43 praise [preiz] 칭찬하다, 높이 평가하다

Belief and Unbelief Among the Jews

37

38

39

40

41

42

43

습니다.

불신자에 대한 심판

44 그때, 예수님께서 큰 소리로 말씀하셨습니다. "나를 믿는 사람은 나를 믿는 것이 아니라 나를 보내신 분을 믿는 것이다.

45 나를 보는 사람은 나를 보내신 분을 보는 것이다.

46 나는 세상에 빛으로 왔다. 나를 믿는 사람은 누구든지 어둠 속에 머물지 않을 것이다.

47 내 말을 듣고 지키지 않는 사람이 있다 해도 내가 그 사람을 심판하지 않는다. 그것은 나는 세상을 심판하기 위해서가 아니라 구원하기 위해 왔기 때문이다.

48 나를 저버리고, 내 말을 받아들이지 않는 사람을 심판하실 분이 계시다. 내가 한 이 말이 마지막 날에 그를 심판할 것이다.

49 내가 한 말은 내 스스로 한 말이 아니다. 나를 보내신 아버지께서 무슨 말을 해야 할지 또 어떻게 말해야 할지를 내게 명령하셨다.

50 그리고 나는 그분이 하신 명령이 영생이라는 사실을 안다. 그러므로 내가 말하는 것은 무엇이든지 아버지께서 내게 그렇게 말하라고 말씀하신 것이다."

제자들의 발을 씻기신 예수님

13 유월절 바로 전에, 예수님께서는 자

praise from God.

44 Then Jesus cried out, "Whoever believes in me does not believe in me only, but in the one who sent me.

45 The one who looks at me is seeing the one who sent me.

46 I have come into the world as a light, so that no one who believes in me should stay in darkness.

47 "If anyone hears my words but does not keep them, I do not judge that person. For I did not come to judge the world, but to save the world.

48 There is a judge for the one who rejects me and does not accept my words; the very words I have spoken will condemn them at the last day.

49 For I did not speak on my own, but the Father who sent me commanded me to say all that I have spoken.

50 I know that his command leads to eternal life. So whatever I say is just what the Father has told me to say."

Jesus Washes His Disciples' Feet

13 It was just before the Passover Festival. Jesus

---

44 **Whoever** [hu:évər] 누구나
46 **come into:** …에 들어오다
stay in: 남아있다, 머무르다
47 **keep** [ki:p] 지키다, 유지하다
judge [dʒʌdʒ] 판단하다, 심판하다
not A but B: A가 아니라 B
save [seiv] 구하다
48 **reject** [ridʒékt] 거절하다

accept [æksépt] 받아들이다
the very: 바로, 참으로
condemn [kəndém] 유죄 판결을 내리다
the last: 최후의, 마지막의
49 **command** [kəmaénd] 명령하다
50 **lead** [li:d] 이끌다
whatever [hwʌtévər] 무엇이든
1 **just before:** 직전, 바로 전에

44

45

46

47

48

49

50

Jesus Washes His Disciples' Feet

13

신이 이 세상을 떠나 아버지께로 돌아갈 때가 왔다는 것을 아셨습니다. 예수님께서는 세상에 있는 자기의 사람들을 사랑하시되 끝까지 사랑하셨습니다.

2 저녁 식사를 하는 중이었습니다. 마귀가 이미 시몬의 아들 가룟 사람 유다의 마음속에 들어가 예수님을 배반할 생각을 갖게 하였습니다.

3 예수님께서는 아버지께서 자기에게 모든 것을 다스릴 권세를 주셨다는 것을 아셨습니다. 또한 그는 아버지께로부터 오셨다가 다시 아버지께로 돌아가실 것을 아셨습니다.

4 그래서 저녁 잡수시던 자리에서 일어나 겉옷을 벗고 수건을 가져다가 허리에 두르셨습니다.

5 예수님께서는 대야에 물을 부어 제자들의 발을 씻기시고, 두르신 수건으로 그들의 발을 닦아 주기 시작하셨습니다.

6 이윽고 시몬 베드로 차례가 되었을 때, 베드로는 예수님께 "주님, 주님께서 제 발을 씻기시렵니까?"라고 말했습니다.

7 예수님께서 베드로에게 대답하셨습니다. "네가 지금은 내가 하고 있는 행동을 이해하지 못할 것이지만 나중에는 이해할 것이다."

8 베드로가 말했습니다. "제 발은 절대로 씻기지 못하십니다." 예수님께서 대답하셨습니다. "내가 네 발을

knew that the hour had come for him to leave this world and go to the Father. Having loved his own who were in the world, he loved them to the end.

2 The evening meal was in progress, and the devil had already prompted Judas, the son of Simon Iscariot, to betray Jesus.

3 Jesus knew that the Father had put all things under his power, and that he had come from God and was returning to God;

4 so he got up from the meal, took off his outer clothing, and wrapped a towel around his waist.

5 After that, he poured water into a basin and began to wash his disciples' feet, drying them with the towel that was wrapped around him.

6 He came to Simon Peter, who said to him, "Lord, are you going to wash my feet?"

7 Jesus replied, "You do not realize now what I am doing, but later you will understand."

8 "No," said Peter, "you shall never wash my feet." Jesus answered, "Unless I wash you, you have no part with me."

---

1 **leave** [liːv] 떠나다, 남기다
2 **meal** [miːl] 식사, 한끼
  in progress: 진행 중인
  devil [dévl] 악마, 마귀
  already [ɔːlrédi] 이미
  prompt [prampt] 자극하다
  betray [bitréi] 배반하다, 배신하다
3 **return** [ritə́ːrn] 돌아오다

4 **outer clothing**: 겉옷
  wrap [ræp] 감싸다, 두르다
  waist [weist] 허리
5 **pour** [pɔːr] 붓다
  basin [béisn] 대야, 물 대접
7 **realize** [ríːəlàiz] 깨닫다, 알다
8 **unless** [ənlés] …하지 않으면
  part [paːrt] 일부, 부분

2

3

4

5

6

7

8

씻기지 않으면, 너는 나와 상관이 없는 사람이 되고 만다."

9 이 말을 들은 시몬 베드로는 "주님, 제 발만 아니라 손과 머리도 씻겨 주십시오!"라고 말했습니다.

10 예수님께서 베드로에게 말씀하셨습니다. "이미 목욕한 사람은 발만 씻으면 되는 법이다. 그 사람은 온몸이 깨끗하다. 그러므로 너희는 깨끗하다. 그러나 너희 모두가 다 깨끗한 것은 아니다."

11 예수님께서 이렇게 말씀하신 것은 자기를 배반할 사람이 누군지 알고 계셨기 때문입니다. 그래서 "너희 모두가 다 깨끗한 것은 아니다"라고 말씀하신 것입니다.

12 예수님께서는 제자들의 발을 다 씻기신 뒤에, 옷을 입고 다시 자리에 앉으셔서, 그들에게 이런 질문을 하셨습니다. "내가 방금 전에 너희에게 행한 일이 무슨 뜻으로 한 것인지 이해하겠느냐?

13 너희가 나를 '선생님' 또는 '주님'이라고 부르는데, 너희 말이 맞다. 나는 바로 그런 사람이다.

14 내가 선생과 주로서 너희 발을 씻겼으니, 너희도 서로 발을 씻겨 주어야 한다.

15 내가 너희에게 행한 그대로 너희도 행하게 하기 위해 내가 본을 보여준 것이다.

16 내가 너희에게 진리를 말한다. 종이 자기 주인보다 크지 못하고, 보냄을 받은 자가 그를 보낸 자보다 크지 못한 법이다.

9 "Then, Lord," Simon Peter replied, "not just my feet but my hands and my head as well!"

10 Jesus answered, "Those who have had a bath need only to wash their feet; their whole body is clean. And you are clean, though not every one of you."

11 For he knew who was going to betray him, and that was why he said not every one was clean.

12 When he had finished washing their feet, he put on his clothes and returned to his place. "Do you understand what I have done for you?" he asked them.

13 "You call me 'Teacher' and 'Lord,' and rightly so, for that is what I am.

14 Now that I, your Lord and Teacher, have washed your feet, you also should wash one another's feet.

15 I have set you an example that you should do as I have done for you.

16 Very truly I tell you, no servant is greater than his master, nor is a messenger greater than the one who sent him.

9 **Lord** [lɔːrd] 주, 주인, 하나님
not just A but B: A뿐만 아니라 B 또한
as well: …도 또한, 마찬가지로
10 **bath** [bæθ] 목욕
whole [houl] 전체, 전부
clean [kliːn] 깨끗한, 청결한
though [ðou] 그러나, …일지라도
11 **betray** [bitréi] 배반하다, 배신하다
12 **finish** [fíniʃ] 마치다, 끝나다
return [ritə́ːrn] 돌아오다
13 **rightly** [ráitli] 올바르게, 옳게
15 **example** [igzǽmpl] 본보기, 사례
16 **truly** [trúːli] 진정, 진실로
servant [sə́ːrvənt] 하인, 종
master [mǽstər] 주인
messenger [mésəndʒər] 심부름꾼, 전령

9

10

11

12

13

14

15

16

17 너희가 이것을 알고 그대로 행하면 너희에게 복이 있을 것이다.

18 내가 너희 모두를 가리켜 말하는 것이 아니다. 나는 내가 택한 사람들이 누구인지 안다. 그러나 '내 빵을 함께 먹던 자가 나를 대적하려고 자기 발꿈치를 들었다'는 성경 말씀이 성취되어야 한다.

19 나는 이제 이 일이 일어나기 전에 이것을 너희에게 말한다. 그러면 그 일이 일어날 때, 너희는 내가 바로 그 사람인 것을 믿게 될 것이다.

20 내가 너희에게 진리를 말한다. 내가 보내는 사람을 영접하는 자는 나를 영접하는 것이고, 나를 영접하는 자는 나를 보내신 분을 영접하는 것이다."

예수님께서 배반당할 것을 예고하심

21 예수님께서는 이 말씀을 하신 뒤에 마음이 무척 괴로우셨습니다. 그래서 이렇게 증언하셨습니다. "내가 너희에게 진리를 말한다. 너희 중 하나가 나를 배반할 것이다."

22 제자들은 서로 얼굴을 쳐다보았으나, 예수님께서 누구를 염두에 두고 말씀하시는 것인지 전혀 알 수가 없었습니다.

23 예수님의 제자 중 한 사람이 예수님 가까이에 앉아 있었습니다. 이 사람은 예수님께서 사랑하신 제자였습니다.

24 시몬 베드로가 이 제자에게 고갯짓을 하여, 예수님께서 누구를 가리켜 말씀하시는지 물어보라고 지시했습니다.

25 그 제자가 예수님 옆으로 가까이 다가가

17 Now that you know these things, you will be blessed if you do them.

Jesus Predicts His Betrayal

18 "I am not referring to all of you; I know those I have chosen. But this is to fulfill this passage of Scripture: 'He who shared my bread has turned against me.'

19 "I am telling you now before it happens, so that when it does happen you will believe that I am who I am.

20 Very truly I tell you, whoever accepts anyone I send accepts me; and whoever accepts me accepts the one who sent me."

21 After he had said this, Jesus was troubled in spirit and testified, "Very truly I tell you, one of you is going to betray me."

22 His disciples stared at one another, at a loss to know which of them he meant.

23 One of them, the disciple whom Jesus loved, was reclining next to him.

24 Simon Peter motioned to this disciple and said, "Ask him which one he means."

25 Leaning back against Jesus, he asked him, "Lord, who is it?"

---

17 **bless** [bles] 축복하다
18 **refer** [rifə́:r] 말하다, 언급하다
　choose [tʃu:z] 선택하다, 고르다
　fulfill [fulfíl] 이루다, 성취하다
　passage [pǽsidʒ] 구절
　Scripture [skríptʃər] 성경, 성서
　share [ʃɛər] 공유하다, 나누다
　against [əgénst] 대항하다, 반대하다

19 **happen** [hǽpən] 일어나다, 발생하다
20 **whoever** [hu:évər] 누구나
　accept [æksépt] 받아들이다
21 **testify** [téstəfài] 증언하다, 증명하다
22 **stare at:** …을 응시하다
　at a loss: 당황하여, 어찌할 바를 몰라
23 **recline** [rikláin] 눕다, 기대다
24 **motion** [móuʃən] 몸짓, 손짓

17

Jesus Predicts His Betrayal

18

19

20

21

22

23

24

25

물었습니다. "주님, 그가 누구입니까?"

26 예수님께서 대답하셨습니다. "내가 이 빵을 접시에 찍어 주는 자가 나를 배반할 자이다" 하시면서 빵 조각을 집어서 접시에 찍어 가룟 사람 시몬의 아들 유다에게 주셨습니다.

27 유다가 빵 조각을 받자마자, 사탄이 그에게로 들어갔습니다. 예수님께서 유다에게 말씀하셨습니다. "네가 하려는 일을 빨리 하여라!"

28 거기 앉은 사람 중에는 예수님께서 유다에게 무슨 뜻으로 이 말씀을 하셨는지 이해한 사람이 없었습니다.

29 유다는 돈을 관리하던 사람이었기 때문에 예수님께서 유다에게 명절에 필요한 물건을 사라고 말씀하시거나 가난한 사람들에게 무엇을 주라고 말씀하시는 줄로 생각한 제자들이 있었습니다.

30 유다는 예수님께서 주시는 빵을 받고, 곧 밖으로 나갔습니다. 그때는 밤이었습니다.

새 계명

31 유다가 나간 뒤에 예수님께서 말씀하셨습니다. "지금 인자가 영광을 받았고, 하나님께서도 인자를 통해 영광을 받으셨다.

32 하나님께서 인자를 통해 영광을 받으시면, 하나님께서도 인자를 영광되게 하실 것이다. 곧 그렇게 하실 것이다.

33 자녀들아, 내가 조금만 더 너희와 함께 있겠다. 너희가 나를 찾을 것이다.

26 Jesus answered, "It is the one to whom I will give this piece of bread when I have dipped it in the dish." Then, dipping the piece of bread, he gave it to Judas, the son of Simon Iscariot.

27 As soon as Judas took the bread, Satan entered into him. So Jesus told him, "What you are about to do, do quickly."

28 But no one at the meal understood why Jesus said this to him.

29 Since Judas had charge of the money, some thought Jesus was telling him to buy what was needed for the festival, or to give something to the poor.

30 As soon as Judas had taken the bread, he went out. And it was night.

Jesus Predicts Peter's Denial

31 When he was gone, Jesus said, "Now the Son of Man is glorified and God is glorified in him.

32 If God is glorified in him, God will glorify the Son in himself, and will glorify him at once.

33 "My children, I will be with you only a little

26 answer [ǽnsər] 답하다
piece [piːs] 조각
dip [dip] 잠깐 담그다, 잠깐 넣다
27 as soon as: …하자마자
Satan [séitn] 사탄, 악마
enter [éntər] 들어가다
quickly [kwíkli] 빨리, 신속히
28 no one: 아무도 …않다

meal [miːl] 식사, 한끼
29 since [sins] …이므로, …이기 때문에
charge [tʃɑːrdʒ] 청구하다
festival [féstəvəl] 축제, 행사
poor [puər] 가난한, 빈곤한
31 glorify [glɔ́ːrəfài] …을 찬미하다, 영광을 더하다
32 at once: 즉시, 당장에
33 a little longer: 조금만 더

26

27

28

29

30

Jesus Predicts Peter's Denial

31

32

33

내가 전에 유대인들에게 말한 것같이, 지금 너희에게도 말하는데, 내가 가는 곳에 너희는 올 수 없다.

34 내가 너희에게 새 계명을 준다. 서로 사랑하여라. 내가 너희를 사랑한 것 같이 너희도 서로 사랑하여라.

35 너희가 서로 사랑하면, 모든 사람이 너희가 내 제자인 줄 알 것이다."

베드로가 예수님을 부인할 것을 예고하심

36 시몬 베드로가 예수님께 물었습니다. "주님, 어디로 가십니까?" 예수님께서 대답하셨습니다. "내가 가는 곳을 네가 지금은 따라올 수 없지만 나중에는 따라올 것이다."

37 베드로가 말했습니다. "주님, 지금은 왜 주님을 따라갈 수 없습니까? 저는 주님을 위해 제 목숨을 내놓겠습니다."

38 예수님께서는 "네가 정말 나를 위해 네 목숨을 내놓겠느냐? 내가 너에게 진리를 말한다. 닭이 울기 전에 네가 세 번 나를 모른다고 할 것이다"라고 대답하셨습니다.

길이요, 진리요, 생명이신 예수님

14 "너희는 마음에 근심하지 마라. 하나님을 믿고 또 나를 믿어라.

2 내 아버지 집에는 너희들이 있을 곳이 많이 있다. 만일 그렇지 않다면 내가 너희에게 이런 말을 하지 않았을 것이다. 나는 너희를 위하여 한

longer. You will look for me, and just as I told the Jews, so I tell you now: Where I am going, you cannot come.

34 "A new command I give you: Love one another. As I have loved you, so you must love one another.

35 By this everyone will know that you are my disciples, if you love one another."

36 Simon Peter asked him, "Lord, where are you going?" Jesus replied, "Where I am going, you cannot follow now, but you will follow later."

37 Peter asked, "Lord, why can't I follow you now? I will lay down my life for you."

38 Then Jesus answered, "Will you really lay down your life for me? Very truly I tell you, before the rooster crows, you will disown me three times!

Jesus Comforts His Disciples

14 "Do not let your hearts be troubled. You believe in God; believe also in me.

2 My Father's house has many rooms; if that were not so, would I have told you that I am going there to prepare a place for you?

---

33 **just as:** 처럼, 만큼
Jew [dʒu:] 유대인, 이스라엘인
34 **command** [kəmaénd] 명령하다
one another: 서로, 상호
35 **disciple** [disáipl] 제자
36 **Lord** [lɔːrd] 주, 주인, 하나님
follow [fálou] 따르다, 좇다
later [léitər] 후에, 나중에
37 **lay down one's life:** 목숨을 버리다
38 **rooster** [rúːstər] 수탉
crow [krou] (수탉이) 울다
times [taimz] 번, 때
1 **heart** [haːrt] 심장, 마음
trouble [trʌbl] 걱정하다, 괴로워하다
believe in: …(의 존재)를 믿다
2 **prepare** [pripέər] 준비하다, 마련하다

34

35

36

37

38

Jesus Comforts His Disciples

14

2

장소를 마련하러 간다.

3 내가 가서 너희를 위해 한 장소를 마련한 뒤에, 다시 와서 너희를 데려가, 내가 있는 곳에 너희도 있게 하겠다.

4 너희는 내가 가는 그곳으로 가는 길을 알고 있다."

5 도마가 예수님께 말했습니다. "주님, 주님이 어디로 가시는지 알지 못하는데, 저희가 그 길을 어떻게 알겠습니까?"

6 예수님께서 대답하셨습니다. "내가 바로 그 길이요, 진리요, 생명이다. 나를 통하지 않고는 아버지께로 올 사람이 없다.

7 너희가 진정 나를 안다면, 내 아버지도 알았을 것이다. 이제 너희는 그분을 알았고 또 그분을 보았다."

8 빌립이 말했습니다. "주님, 저희에게 아버지를 보여주십시오. 저희에게는 그것으로 충분합니다."

9 예수님께서 대답하셨습니다. "빌립아, 내가 이렇게 오랫동안 너희와 함께 있었는데, 아직도 너는 나를 모른단 말이냐? 나를 본 사람은 아버지를 본 것이나 다름이 없는데, 어떻게 네가 '저희에게 아버지를 보여주십시오'라고 말하느냐?

10 너는 내가 아버지 안에 있고, 아버지께서 내 안에 계신 것을 믿지 못하느냐? 내가 너희에게 하는 말은

3 And if I go and prepare a place for you, I will come back and take you to be with me that you also may be where I am.

4 You know the way to the place where I am going."

Jesus the Way to the Father

5 Thomas said to him, "Lord, we don't know where you are going, so how can we know the way?"

6 Jesus answered, "I am the way and the truth and the life. No one comes to the Father except through me.

7 If you really know me, you will know my Father as well. From now on, you do know him and have seen him."

8 Philip said, "Lord, show us the Father and that will be enough for us."

9 Jesus answered: "Don't you know me, Philip, even after I have been among you such a long time? Anyone who has seen me has seen the Father. How can you say, 'Show us the Father'?

10 Don't you believe that I am in the Father, and that the Father is in me? The words I say

---

3 **prepare** [pripέər] 준비하다, 마련하다
place [pleis] 장소, 공간
6 **answer** [áensər] 답하다
truth [tru:θ] 진리, 진실된 것
no one: 아무도 …않다
except [iksépt] 제외하다, 외에는
through [θru:] 통하여
7 **really** [rí:əli] 정말로, 실제로

as well: …도 또한, 마찬가지로
from now on: 앞으로는, 지금부터는
8 **show** [ʃou] 보여주다, 나타나다
enough [inʌf] 충분한, 족한
9 **even after:** …한 후에도 여전히
among [əmʌŋ] 사이에
such [sətʃ:] 이와 같은, 그런, 이런
anyone [éniwʌn] 누구든지, 모든 사람

3

4

Jesus the Way to the Father

5

6

7

8

9

10

내 스스로 하는 말이 아니다. 이 말은 내 안에 계시면서 그분의 일을 하시는 아버지의 말씀이다.

11 내가 아버지 안에 있고, 아버지께서 내 안에 계시다는 내 말을 믿어라. 나를 믿지 못하겠으면, 내가 행한 표적 그것만이라도 믿어라.

12 내가 너희에게 진리를 말한다. 나를 믿는 사람은 내가 지금까지 해 온 일들을 그 사람도 행할 것이다. 심지어 이보다 더 큰일들도 행할 것이다. 그것은 내가 아버지께로 가기 때문이다.

13 그리고 너희가 내 이름으로 무엇이든지 구하면, 내가 너희에게 다 이루어 주겠다. 그리하여 아버지께서 아들로 말미암아 영광을 받으시게 될 것이다.

14 너희가 내 이름으로 무엇이든지 내게 구하면, 내가 다 이루어 주겠다."

성령을 약속하심

15 "너희가 나를 사랑하면 내 계명을 지켜라.

16 내가 아버지께 구하겠고, 그분은 너희와 영원히 함께 있을 다른 보혜사를 보내 주실 것이다.

17 그분은 진리의 성령이시다. 세상은 그분을 보지 못하고, 알지도 못하므로, 그분을 받을 수 없다. 그러나 그분이 너희 안에 계시고 너희는 그분 안에 있기 때문에 너희는 그분을 아는 것이다.

to you I do not speak on my own authority. Rather, it is the Father, living in me, who is doing his work.

11 Believe me when I say that I am in the Father and the Father is in me; or at least believe on the evidence of the works themselves.

12 Very truly I tell you, whoever believes in me will do the works I have been doing, and they will do even greater things than these, because I am going to the Father.

13 And I will do whatever you ask in my name, so that the Father may be glorified in the Son.

14 You may ask me for anything in my name, and I will do it.

Jesus Promises the Holy Spirit

15 "If you love me, keep my commands.

16 And I will ask the Father, and he will give you another advocate to help you and be with you forever–

17 the Spirit of truth. The world cannot accept him, because it neither sees him nor knows him. But you know him, for he lives with you and will be in you.

---

10 **on one's own:** 혼자 힘으로, 스스로
authority [əθɔ́ːrəti] 권한
rather [ræðər] 도리어, 그렇기는커녕

11 **at least:** 적어도, 하다못해
evidence [évədəns] 증거, 흔적

12 **truly** [trúːli] 진정, 진실로
whoever [huːévər] 누구나
even [íːvən] (비교급을 강조해) 더욱, 더

13 **whatever** [hwʌtévər] 무엇이든
so that: ⋯할 수 있도록
glorify [glɔ́ːrəfài] ⋯을 찬미하다, 영광을 더하다

14 **anything** [éniθìŋ] 어느 것이든, 아무것도

15 **command** [kəmǽnd] 명령하다

16 **advocate** [ǽdvəkèit] 옹호자, 중재자
accept [æksépt] 받아들이다

17 **neither A nor B:** A도 B도 아니다

11

12

13

14

Jesus Promises the Holy Spirit

15

16

17

18 나는 너희를 고아처럼 버려두지 않고 너희에게로 다시 올 것이다.

19 조금 있으면 세상은 더 이상 나를 보지 못할 것이나, 너희는 나를 볼 것이다. 그것은 내가 살고 너희도 살 것이기 때문이다.

20 그날에는 내가 내 아버지 안에 있고, 너희가 내 안에 있고, 내가 너희 안에 있는 것을 너희가 알게 될 것이다.

21 내 계명을 가지고 그것을 지키는 사람이 나를 사랑하는 사람이다. 그리고 나를 사랑하는 사람은 내 아버지께 사랑을 받고, 나도 그를 사랑하여 그에게 나를 나타낼 것이다."

22 그때, 가룟 사람이 아닌 다른 유다가 예수님께 말했습니다. "주님께서 자신을 우리에게는 나타내시고, 세상에는 나타내지 않으시는 이유는 무엇입니까?"

23 예수님께서 대답하셨습니다. "나를 사랑하는 사람이라면, 나의 교훈을 지킬 것이다. 내 아버지께서 그를 사랑하실 것이고, 우리가 그 사람에게 와서 함께 있을 것이다.

24 나를 사랑하지 않는 사람은 내 교훈을 지키지 않는다. 너희가 듣는 이 교훈은 내 것이 아니고, 나를 보내신 아버지의 교훈이다.

25 이 모든 것을 내가 너희와 함께 있는 동안에 너희에게 말하였다.

26 그러나 내 아버지께서 나의 이름으로 보내실 진리의 성령이신 보혜사께서

18 I will not leave you as orphans; I will come to you.

19 Before long, the world will not see me anymore, but you will see me. Because I live, you also will live.

20 On that day you will realize that I am in my Father, and you are in me, and I am in you.

21 Whoever has my commands and keeps them is the one who loves me. The one who loves me will be loved by my Father, and I too will love them and show myself to them."

22 Then Judas (not Judas Iscariot) said, "But, Lord, why do you intend to show yourself to us and not to the world?"

23 Jesus replied, "Anyone who loves me will obey my teaching. My Father will love them, and we will come to them and make our home with them.

24 Anyone who does not love me will not obey my teaching. These words you hear are not my own; they belong to the Father who sent me.

25 "All this I have spoken while still with you.

26 But the Advocate, the Holy Spirit, whom the

---

18 **leave** [liːv] 떠나다, 남기다
orphan [ɔ́ːrfən] 고아
19 **before long:** 곧, 조만간
anymore [ènimɔ́ːr] 더 이상
20 **realize** [ríːəlàiz] 깨닫다, 알다
21 **command** [kəmáend] 명령하다
keep [kiːp] 지키다, 유지하다
be loved by: …에게 사랑을 받다

22 **then** [ðen] 그때, 그 무렵
intend [inténd] 의도하다, 하려고 하다
23 **anyone** [éniwʌn] 누구든지, 모든 사람
obey [oubéi] 복종하다, 따르다
24 **belong to:** …에 속하다
25 **while** [hwail] …동안에
26 **advocate** [aédvəkèit] 옹호자, 중재자
Holy Spirit: 성령

18

19

20

21

22

23

24

25

26

너희에게 모든 것을 가르치시며, 내가 너희에게 말한 모든 것을 생각나게 하실 것이다.

27 내가 너희에게 평안을 남긴다. 곧 나의 평안을 너희에게 준다. 내가 너희에게 주는 평안은 세상이 주는 것과 같지 않다. 너희는 마음에 근심하지도 말고, 두려워하지도 마라.

28 너희는 '내가 갔다가 너희에게로 올 것이다'라고 말한 내 말을 들었다. 너희가 진정 나를 사랑했다면, 내가 아버지께로 가는 것을 기뻐했을 것이다. 이는 아버지가 나보다 더 크신 분이기 때문이다.

29 내가 지금 이 일이 일어나기 전에 너희에게 말하는 것은, 이 일이 실제로 일어날 때, 너희로 하여금 믿게 하기 위해서이다.

30 이 세상의 통치자가 오고 있으므로, 더 이상 너희와 많은 말을 나눌 수가 없다. 하지만 이 세상의 통치자는 나를 마음대로 할 권세가 없다.

31 그러나 내가 아버지를 사랑하고, 아버지께서 내게 명하신 대로 내가 행한다는 사실을 세상은 알아야 할 것이다. 일어나 이곳을 떠나자."

참 포도나무이신 예수님

15 "나는 참 포도나무요, 내 아버지는 정원사이시다.

2 내 안에서 열매 맺지 못하는 가지마

Father will send in my name, will teach you all things and will remind you of everything I have said to you.

27 Peace I leave with you; my peace I give you. I do not give to you as the world gives. Do not let your hearts be troubled and do not be afraid.

28 "You heard me say, 'I am going away and I am coming back to you.' If you loved me, you would be glad that I am going to the Father, for the Father is greater than I.

29 I have told you now before it happens, so that when it does happen you will believe.

30 I will not say much more to you, for the prince of this world is coming. He has no hold over me,

31 but he comes so that the world may learn that I love the Father and do exactly what my Father has commanded me. "Come now; let us leave.

The Vine and the Branches

15 "I am the true vine, and my Father is the gardener.

2 He cuts off every branch in me that bears no

---

26 remind [rimáind] 생각나게 하다
27 peace [pi:s] 평화, 평안
　trouble [trʌbl] 걱정하다, 괴로워하다
　afraid [əfréid] 두려워하다
28 glad [glæd] 기쁜
30 much more: 더욱, 훨씬 더
　prince [prins] (the) 일인자
　hold over: 지배하다, 영향을 주다

31 learn [lə:rn] 깨닫다, 배우다
　exactly [igzæktli] 정확하게, 딱
　command [kəmaénd] 명령하다
1 vine [vain] 포도나무, 덩굴
　gardener [gά:rdnər] 정원사
2 cut off: 잘라버리다
　branch [bræntʃ] 가지
　bear [bɛər] 맺다, 낳다

27

28

29

30

31

The Vine and the Branches

15

2

다 아버지께서 잘라 내시고, 열매 맺는 가지는 더 많은 열매를 맺게 하려고 깨끗하게 다듬으신다.

3 너희는 내가 너희에게 해 준 말 때문에 이미 깨끗하게 되었다.

4 내 안에 있어라. 그러면 나도 너희 안에 있겠다. 가지가 포도나무에 붙어 있지 않으면 가지 스스로 열매를 맺을 수 없듯이, 너희도 내 안에 있지 않으면, 스스로는 열매를 맺을 수 없다."

5 "나는 포도나무요, 너희는 가지다. 사람이 내 안에 있고 내가 그 안에 있으면, 그는 열매를 많이 맺는다. 그러나 나를 떠나서는 너희가 아무것도 할 수 없다.

6 누구든지 내 안에 있지 않으면, 그 사람은 꺾여서 말라 버리는 가지와 같다. 사람들이 그 마른 가지를 주워다 불에 던져 태워 버릴 것이다.

7 너희가 내 안에 있고 내 말이 너희 안에 있으면, 무엇이든지 원하는 대로 구하여라. 그리하면 너희에게 이루어질 것이다.

8 너희가 열매를 많이 맺어 내 제자인 것을 나타내면 이것으로 내 아버지께서는 영광을 받으신다.

9 아버지께서 나를 사랑하신 것같이 나도 너희를 사랑하였다. 이제 내 사랑 안에 머물러 있어라.

10 내가 내 아버지의 계명을 지켰고

fruit, while every branch that does bear fruit he prunes so that it will be even more fruitful.

3 You are already clean because of the word I have spoken to you.

4 Remain in me, as I also remain in you. No branch can bear fruit by itself; it must remain in the vine. Neither can you bear fruit unless you remain in me.

5 "I am the vine; you are the branches. If you remain in me and I in you, you will bear much fruit; apart from me you can do nothing.

6 If you do not remain in me, you are like a branch that is thrown away and withers; such branches are picked up, thrown into the fire and burned.

7 If you remain in me and my words remain in you, ask whatever you wish, and it will be done for you.

8 This is to my Father's glory, that you bear much fruit, showing yourselves to be my disciples.

9 "As the Father has loved me, so have I loved you. Now remain in my love.

10 If you keep my commands, you will remain

---

2 fruit [fru:t] 열매
prune [pru:n] 가지치기하다
even more: 더욱 더
fruitful [frú:tfəl] 열매가 많이 열리는
3 already [ɔːlrédi] 이미
4 remain [riméin] 머무르다, 남다
neither [níːðər] …도 또한 …아니다
unless [ənlés] …하지 않으면

5 apart from: 제외하고, …은 제쳐 놓고
6 throw away: 버리다, 던지다
wither [wíðər] 시들다, 말라죽다
pick up: 집다
burn [bəːrn] 타다
7 whatever [hwʌtévər] 무엇이든
8 glory [glɔ́ːri] 영광
disciple [disáipl] 제자

3

4

5

6

7

8

9

10

그의 사랑 안에 있는 것처럼 너희가 내 계명을 지키면, 내 사랑 안에 있을 것이다."

11 "내가 이것을 너희에게 말한 것은 나의 기쁨이 너희 안에 있어 너희 기쁨이 가득 넘치게 하려는 것이다.

12 내가 너희를 사랑한 것같이, 너희도 서로 사랑하라. 이것이 바로 내 계명이다.

13 사람이 자기 친구를 위해 자기 목숨을 내놓는 것보다 더 큰 사랑은 없다.

14 내가 너희에게 명하는 것을 행하면, 너희는 내 친구다.

15 이제 내가 너희를 더 이상 종이라고 부르지 않겠다. 종은 주인이 하는 일을 알지 못한다. 방금 전에 나는 너희를 친구라고 불렀다. 왜냐하면 내가 아버지께 들은 것을 다 너희에게 알게 하였기 때문이다.

16 너희가 나를 택한 것이 아니라 내가 너희를 택하여 세웠다. 그것은 너희가 가서 열매를 맺고, 너희 열매가 항상 있게 하기 위해서이다. 그래서 내 이름으로 구하는 것은 무엇이든지 아버지께서 너희에게 주실 것이다.

17 내 계명은 이것이다. 서로 사랑하여라."

세상이 너희를 미워할 것이다

18 "세상이 너희를 미워하면, 너희보다 먼저 나를 미워한 줄 알아라.

19 너희가 세상에 속하였으면, 세상이 너희를 자기 것이라고 사랑할 것이

in my love, just as I have kept my Father's commands and remain in his love.

11 I have told you this so that my joy may be in you and that your joy may be complete.

12 My command is this: Love each other as I have loved you.

13 Greater love has no one than this: to lay down one's life for one's friends.

14 You are my friends if you do what I command.

15 I no longer call you servants, because a servant does not know his master's business. Instead, I have called you friends, for everything that I learned from my Father I have made known to you.

16 You did not choose me, but I chose you and appointed you so that you might go and bear fruit–fruit that will last–and so that whatever you ask in my name the Father will give you.

17 This is my command: Love each other.

The World Hates the Disciples

18 "If the world hates you, keep in mind that it hated me first.

19 If you belonged to the world, it would love

---

10 **just as:** 처럼, 만큼
command [kəmaénd] 명령하다
11 **joy** [dʒɔi] 기쁨
complete [kəmplíːt] 완성되다, 완료하다
13 **lay down one's life:** 목숨을 버리다
15 **no longer:** 더 이상 …않다
servant [sə́ːrvənt] 하인, 종
master [maéstər] 주인

instead [instéd] 대신에
16 **choose** [tʃuːz] 선택하다, 고르다
appoint [əpɔ́int] 지명하다, 임명하다
so that: …할 수 있도록
bear [bɛər] 맺다, 낳다
18 **hate** [heit] 싫어하다
keep in mind: 명심하다
19 **belong to:** …에 속하다

11

12

13

14

15

16

17

The World Hates the Disciples

18

19

다. 그러나 너희가 세상에 속하지 아니하고, 내가 너희를 세상에서 선택하였으므로 세상은 너희를 미워할 것이다.

20 내가 너희에게 '종이 주인보다 더 크지 않다'고 한 말을 기억하여라. 사람들이 나를 핍박하였다면, 너희도 핍박할 것이다. 그들이 내 교훈을 지켰다면, 너희의 교훈도 지킬 것이다.

21 그러나 그들이 나를 보내신 분을 알지 못하므로, 내 이름 때문에 너희를 이런 식으로 대할 것이다.

22 내가 와서 그들에게 말하지 않았더라면, 그들에게는 죄가 없었을 것이다. 그러나 지금은 그들이 자기들이 지은 죄에 대하여 핑계할 수 없게 되었다.

23 나를 미워하는 사람은 내 아버지도 미워한다.

24 내가 아무도 하지 않은 일을 그들 가운데서 행하지 않았다면, 그들에게 죄가 없었을 것이다. 그러나 이제 그들이 내가 한 일을 보고서도 나와 내 아버지를 미워하였다.

25 이렇게 된 것은 율법에 기록된 대로 '그들이 이유 없이 나를 미워하였다'라는 말씀이 성취되기 위해서이다."

26 "내가 너희에게 보낼 보혜사, 곧 아버지께로부터 오시는 진리의 성령이 오시면, 그가 나에 관해 증언하실 것이다.

you as its own. As it is, you do not belong to the world, but I have chosen you out of the world. That is why the world hates you.

20 Remember what I told you: 'A servant is not greater than his master.' If they persecuted me, they will persecute you also. If they obeyed my teaching, they will obey yours also.

21 They will treat you this way because of my name, for they do not know the one who sent me.

22 If I had not come and spoken to them, they would not be guilty of sin; but now they have no excuse for their sin.

23 Whoever hates me hates my Father as well.

24 If I had not done among them the works no one else did, they would not be guilty of sin. As it is, they have seen, and yet they have hated both me and my Father.

25 But this is to fulfill what is written in their Law: 'They hated me without reason.'

The Work of the Holy Spirit

26 "When the Advocate comes, whom I will send to you from the Father–the Spirit of

19 **as it is:** 실은, 사실을 말하자면
20 **persecute** [pə́:rsikjù:t] 박해하다
obey [oubéi] 따르다, 복종하다
21 **treat** [tri:t] 대하다, 대우하다
22 **guilty** [gílti] 유죄의, 죄를 범한
sin [sin] 죄, 죄를 짓다
excuse [ikskjú:z] 변명, 핑계
23 **whoever** [hu:évər] 누구나

as well: …도 또한, 마찬가지로
24 **among** [əmʌ́ŋ] 사이에
no one else: 다른 누구도
both A and B: A와 B 둘 다
25 **fulfill** [fulfíl] 이루다, 성취하다
Law [lɔ:] 율법
without [wiðáut] …없이, …하지 않고
26 **advocate** [aédvəkèit] 옹호자, 중재자

20

21

22

23

24

25

The Work of the Holy Spirit

26

27 그리고 너희도 처음부터 나와 함께 있었으므로 나를 증언해야 할 것이다."

16 "내가 너희에게 이 말을 하는 것은, 너희 믿음이 흔들리지 않게 하기 위함이다.

2 사람들이 너희를 회당에서 쫓아낼 것이다. 그뿐만 아니라 너희를 죽이는 사람마다 자기가 하나님을 섬기고 있다고 생각할 때가 올 것이다.

3 그들은 아버지나 나를 알지 못하기 때문에 이런 일을 행할 것이다.

4 내가 지금 너희에게 이 말을 하는 것은, 그때가 되면 너희로 하여금 내가 너희에게 일러 준 말을 생각나게 하려는 것이다. 내가 처음부터 너희에게 이 말을 하지 않은 것은, 지금까지 내가 너희와 함께 있었기 때문이다."

성령께서 하시는 일

5 "이제 나는 나를 보내신 분에게로 간다. 그러나 너희 중에서 나에게 '어디로 가십니까?'라고 묻는 사람이 없다.

6 하지만 내가 이런 말을 하므로 너희 마음에는 슬픔이 가득하다.

7 내가 너희에게 진리를 말하겠다. 내가 떠나가는 것이 너희에게 유익하다. 내가 가지 않으면 보혜사가 너희에게 오시지 않을 것이다. 내가 가면 보혜사를 너희에게 보낼 것이다.

truth who goes out from the Father–he will testify about me.

27 And you also must testify, for you have been with me from the beginning.

16 "All this I have told you so that you will not fall away.

2 They will put you out of the synagogue; in fact, the time is coming when anyone who kills you will think they are offering a service to God.

3 They will do such things because they have not known the Father or me.

4 I have told you this, so that when their time comes you will remember that I warned you about them. I did not tell you this from the beginning because I was with you,

5 but now I am going to him who sent me. None of you asks me, 'Where are you going?'

6 Rather, you are filled with grief because I have said these things.

7 But very truly I tell you, it is for your good that I am going away. Unless I go away, the Advocate will not come to you; but if I go, I will send him to you.

26 testify [téstəfài] 증언하다, 증명하다
27 from the beginning: 처음부터
1 so that: …할 수 있도록
fall away: 저버리다
2 synagogue [sínəgɑ̀g] 유대교의 예배당
offer [ɔ́:fər] 바치다, 제공하다
service [sə́:rvis] 봉사, 공헌
4 remember [rimémbər] 생각해내다, 떠올리다

warn [wɔːrn] 경고하다, 알려주다
5 none [nʌn] 아무도, 단 한 사람도
6 rather [rǽðər] 도리어, 반대로
be filled with: …로 가득차다
grief [gri:f] 슬픔, 깊은 고뇌
7 truly [trú:li] 진정, 진실로
unless [ənlés] …하지 않으면
advocate [ǽdvəkèit] 옹호자, 중재자

27

16

2

3

4

5

6

7

8 보혜사가 오시면, 그분은 죄에 대하여, 의에 대하여, 심판에 대하여 세상이 잘못 생각한 것들을 책망하실 것이다.

9 그분은 사람들이 나를 믿지 않은 것이 바로 죄라는 것을 말해 주실 것이며,

10 내가 아버지께로 감으로써 너희가 더 이상 나를 보지 못하는 것이 하나님의 의라는 것을 알려 주실 것이다.

11 이 세상 통치자가 이미 심판을 받았다는 것이 심판에 관하여 그분이 책망하실 내용이다."

12 "내게는 아직 너희에게 할 말이 많이 있지만, 지금은 너희가 그 말을 도저히 이해할 수 없다.

13 그러나 진리의 성령이 오시면, 그분이 너희를 모든 진리 가운데로 인도하실 것이다. 그분은 자기 마음대로 말씀하지 않으시고 그가 들은 것만을 말씀하시며, 앞으로 될 일들을 너희에게 알려 주실 것이다.

14 진리의 성령은 내 것을 가지고 너희에게 알려 주심으로써 나를 영화롭게 하실 것이다.

15 아버지께 있는 것은 다 내 것이다. 그래서 내가 성령께서 내 것을 가지고 너희에게 알려 주신다고 말한 것이다."

슬픔이 기쁨이 될 것이다

16 "조금 있으면 너희가 나를 보지 못

8 When he comes, he will prove the world to be in the wrong about sin and righteousness and judgment:

9 about sin, because people do not believe in me;

10 about righteousness, because I am going to the Father, where you can see me no longer;

11 and about judgment, because the prince of this world now stands condemned.

12 "I have much more to say to you, more than you can now bear.

13 But when he, the Spirit of truth, comes, he will guide you into all the truth. He will not speak on his own; he will speak only what he hears, and he will tell you what is yet to come.

14 He will glorify me because it is from me that he will receive what he will make known to you.

15 All that belongs to the Father is mine. That is why I said the Spirit will receive from me what he will make known to you."

The Disciples' Grief Will Turn to Joy

16 Jesus went on to say, "In a little while you

---

8 **prove** [pru:v] 증언하다, 증명하다
in the wrong: 잘못하여, 그릇되어
righteousness [ráitʃəsnis] 의, 정직, 정의
judgment [dʒʌdʒmənt] 심판, 판단
9 **believe in**: …(의 존재)를 믿다
10 **no longer**: 더 이상 …않다
11 **prince** [prins] (the) 일인자
condemn [kəndém] 유죄 판결을 내리다

12 **much more**: 더욱, 훨씬 더
bear [bɛər] 맺다, 낳다
13 **guide** [gaid] 안내하다, 인도하다
on one's own: 혼자 힘으로, 스스로
yet to come: 아직 오지 않았다
14 **glorify** [glɔ́:rəfài] …을 찬미하다, 영광을 더하다
receive [risí:v] 받다, 얻다
16 **a little while**: 잠시

8

9

10

11

12

13

14

15

The Disciples' Grief Will Turn to Joy

16

할 것이고, 또 조금 있으면 나를 다시 볼 것이다."

17 예수님의 제자들 중 몇 사람은 서로 이렇게 말했습니다. "주님께서 '조금 있으면 너희가 나를 보지 못할 것이고, 또 조금 있으면 나를 다시 볼 것이다'라고 말씀하시고, 또 '이는 내가 아버지께로 가기 때문이다'라고 말씀하셨는데, 이게 대관절 무슨 뜻일까?"

18 또 그들은 "주님께서 '조금 있으면'이라고 말씀하셨는데, 그분이 하신 말씀은 도대체 이해할 수 없어"라고 말했습니다.

19 예수님께서 제자들이 자기에게 물어 보고 싶어한다는 것을 아시고, 그들에게 말씀하셨습니다. "내가 '조금 있으면 너희가 나를 보지 못할 것이고, 또 조금 있으면 나를 다시 볼 것이다'라고 한 말 때문에 너희끼리 서로 묻느냐?

20 내가 너희에게 진리를 말한다. 너희는 울며 애통할 것이나 세상은 기뻐할 것이다. 너희가 슬퍼할 것이지만, 너희의 슬픔은 기쁨이 될 것이다.

21 출산하는 여인에게는 출산할 때의 고통이 있다. 그러나 아이를 낳으면 여인은 아이가 세상에 태어난 것이 너무 기뻐서 그 고통을 잊어버린다.

22 너희도 지금은 근심하지만, 내가 너희를 다시 보게 되면 너희는 기뻐할

will see me no more, and then after a little while you will see me."

17 At this, some of his disciples said to one another, "What does he mean by saying, 'In a little while you will see me no more, and then after a little while you will see me,' and 'Because I am going to the Father'?"

18 They kept asking, "What does he mean by 'a little while'? We don't understand what he is saying."

19 Jesus saw that they wanted to ask him about this, so he said to them, "Are you asking one another what I meant when I said, 'In a little while you will see me no more, and then after a little while you will see me'?

20 Very truly I tell you, you will weep and mourn while the world rejoices. You will grieve, but your grief will turn to joy.

21 A woman giving birth to a child has pain because her time has come; but when her baby is born she forgets the anguish because of her joy that a child is born into the world.

22 So with you: Now is your time of grief, but I will see you again and you will rejoice, and

---

16 **no more:** 더 이상
   after a little while: 잠시 뒤에
17 **disciple** [disáipl] 제자
   another [ənΛðər] 다른, 또 하나의
   mean [mi:n] 의미하다
18 **keep …ing:** 계속 …하다
20 **truly** [trú:li] 진정, 진실로
   weep [wi:p] 울다, 눈물을 흘리다

mourn [mɔːrn] 애도하다, 추모하다
rejoice [ridʒɔ́is] 기뻐하다
grieve [griːv] 슬퍼하다, 힘들어하다
turn [təːrn] 바꾸다, 전환하다
21 **give birth:** 낳다, 출산하다
   pain [pein] 고통, 아픔
   forget [fərgét] 잊다, 망각하다
   anguish [áeŋwiʃ] 고통

17

18

19

20

21

22

것이다. 그리고 아무도 너희에게서 그 기쁨을 빼앗지 못할 것이다.

23 그때에는 너희가 내게 아무것도 구하지 않을 것이다. 내가 너희에게 진리를 말한다. 너희가 내 이름으로 아버지께 무엇이든지 구하면, 그분이 너희에게 주실 것이다.

24 지금까지는 너희가 내 이름으로 아무것도 구하지 않았다. 그러나 구하라. 그러면 너희가 받을 것이요, 너희 기쁨이 가득 찰 것이다."

내가 세상을 이기었노라

25 "내가 지금까지는 이것을 비유적인 말로 너희에게 말하였지만, 더 이상 비유적인 말이 아니라 아버지에 관하여 명확한 말로 너희에게 말할 때가 올 것이다.

26 그날에 너희가 내 이름으로 아버지께 구할 것이다. 내가 너희를 위하여 아버지께 구하겠다는 말이 아니다.

27 너희가 나를 사랑하고 내가 아버지께로부터 왔음을 믿었기 때문에, 아버지께서 친히 너희를 사랑하신다.

28 내가 아버지를 떠나 세상에 왔으니, 이제 세상을 떠나 다시 아버지께로 돌아간다."

29 그때, 제자들이 말했습니다. "이제는 주님께서 우리에게 분명하게 말씀하시고, 비유적인 말을 하나도 사용하지 않으십니다.

30 우리가 이제서야 주님께서 모든 것을

no one will take away your joy.

23 In that day you will no longer ask me anything. Very truly I tell you, my Father will give you whatever you ask in my name.

24 Until now you have not asked for anything in my name. Ask and you will receive, and your joy will be complete.

25 "Though I have been speaking figuratively, a time is coming when I will no longer use this kind of language but will tell you plainly about my Father.

26 In that day you will ask in my name. I am not saying that I will ask the Father on your behalf.

27 No, the Father himself loves you because you have loved me and have believed that I came from God.

28 I came from the Father and entered the world; now I am leaving the world and going back to the Father."

29 Then Jesus' disciples said, "Now you are speaking clearly and without figures of speech.

30 Now we can see that you know all things and

---

22 **take away:** 빼앗다
23 **anything** [éniθiŋ] 어느 것이든, 아무것도
whatever [hwʌtévər] 무엇이든
24 **until now:** 지금까지, 아직까지
complete [kəmplí:t] 완성되다, 완료하다
25 **though** [ðou] …이지만, …하나
figuratively [fígjurətivli] 비유적으로
language [læŋgwidʒ] 말, 언어

plainly [pléinli] 분명히, 명백히
26 **on someone's behalf:** …대신, …를 위해서
28 **enter** [éntər] 들어가다
leave [li:v] 떠나다, 남기다
29 **disciple** [disáipl] 제자
clearly [klíərli] 분명하게, 명확히
without [wiðáut] …없이, …하지 않고
figure of speech: 비유적 표현

23

24

25

26

27

28

29

30

알고 계신다는 것을 깨달았습니다. 아무도 주님께 묻지 않을 것입니다. 이것으로써 우리는 주님께서 하나님께로부터 오신 분임을 믿습니다."

31 예수님께서 대답하셨습니다. "이제 너희가 믿느냐?

32 그러나 잘 들어라. 너희가 뿔뿔이 흩어질 때가 다가오고 있으며, 이미 그때가 되었다. 너희는 저마다 자기 집으로 흩어지고, 나를 혼자 버려둘 것이다. 그러나 나는 혼자가 아니다. 그것은 아버지께서 나와 함께 계시기 때문이다."

33 "내가 이것을 너희에게 말한 것은 너희가 내 안에서 평안을 얻게 하려는 것이다. 이 세상에서는 너희가 고난을 당할 것이다. 그러나 담대하여라! 내가 세상을 이기었다!"

예수님의 기도

17 예수님께서는 이 말씀을 하시고 눈을 들어 하늘을 바라보시며 기도하셨습니다. "아버지, 때가 이르렀습니다. 아버지의 아들을 영광되게 해 주십시오. 아들이 아버지를 영화롭게 하겠습니다.

2 아버지께서는 아들에게 주신 모든 사람에게 영생을 주려, 모든 사람을 다스리는 권세를 아들에게 주셨습니다.

3 영생은 곧 한 분이신 참 하나님과 아버지께서 보내신 자, 예수 그리스도를 아는 것입니다.

4 저는 땅에서 아버지를 영광되게 하

that you do not even need to have anyone ask you questions. This makes us believe that you came from God."

31 "Do you now believe?" Jesus replied.

32 "A time is coming and in fact has come when you will be scattered, each to your own home. You will leave me all alone. Yet I am not alone, for my Father is with me.

33 "I have told you these things, so that in me you may have peace. In this world you will have trouble. But take heart! I have overcome the world."

Jesus Prays to Be Glorified

17 After Jesus said this, he looked toward heaven and prayed: "Father, the hour has come. Glorify your Son, that your Son may glorify you.

2 For you granted him authority over all people that he might give eternal life to all those you have given him.

3 Now this is eternal life: that they know you, the only true God, and Jesus Christ, whom you have sent.

4 I have brought you glory on earth by

---

30 **question** [kwéstʃən] 질문하다, 묻다
31 **reply** [riplái] 대답하다
32 **in fact:** 사실, 실제로
　scatter [skǽtər] 분산시키다, 흩어버리다
　alone [əlóun] 혼자, 홀로
33 **so that:** …하도록
　peace [pi:s] 평화, 평안
　trouble [trʌbl] 걱정하다, 괴로워하다

　take heart: 용기를 내다, 마음을 다시 먹다
　overcome [ouˈvərkəm] 극복하다, 이겨내다
1 **toward** [tɔ:rd] 쪽으로, 향하여
　heaven [hévən] 하늘, 천국
　glorify [glɔ́:rəfài] …을 찬미하다, 영광을 더하다
2 **grant** [grænt] 부여하다, 주다
　authority [əθɔ́:rəti] 권한
　eternal life: 영생

31

32

33

Jesus Prays to Be Glorified

17

2

3

4

였고, 아버지께서 제게 하라고 주신 일을 완전히 행하였습니다.

5 그러므로 아버지, 이제는 세상이 창조되기 전에 제가 아버지와 함께 가지고 있던 그 영광으로써 저를 영광되게 해 주십시오."

6 "저는 아버지께서 세상에서 택하여 제게 주신 사람들에게 아버지의 이름을 나타냈습니다. 그들은 아버지의 것이었는데 아버지께서 제게 주셨고, 그들은 아버지의 말씀을 지켰습니다.

7 지금 그들은 제게 주신 모든 것이 다 아버지께로부터 온 것임을 알고 있습니다.

8 저는 아버지께서 제게 주신 말씀을 이 사람들에게 주었습니다. 그들은 그 말씀을 받았고, 제가 아버지로부터 온 것을 진정으로 알았고, 아버지께서 저를 보내신 것을 믿었습니다.

9 이제 저는 그들을 위하여 기도합니다. 세상 사람을 위해서가 아니라 아버지께서 제게 주신 자를 위해 기도합니다. 그것은 그들이 아버지의 것이기 때문입니다.

10 제 것은 다 아버지의 것이고, 아버지의 것은 다 제 것입니다. 그리고 저는 그들로 말미암아 영광을 받았습니다.

11 저는 더 이상 세상에 있지 않겠지만, 이 사람들은 계속 세상에 있습니다. 그리고 저는 아버지께로 갑니

finishing the work you gave me to do.

5 And now, Father, glorify me in your presence with the glory I had with you before the world began.

Jesus Prays for His Disciples

6 "I have revealed you to those whom you gave me out of the world. They were yours; you gave them to me and they have obeyed your word.

7 Now they know that everything you have given me comes from you.

8 For I gave them the words you gave me and they accepted them. They knew with certainty that I came from you, and they believed that you sent me.

9 I pray for them. I am not praying for the world, but for those you have given me, for they are yours.

10 All I have is yours, and all you have is mine. And glory has come to me through them.

11 I will remain in the world no longer, but they are still in the world, and I am coming to you. Holy Father, protect them by the power of your name, the name you gave me, so that

---

4 **finish** [fíniʃ] 마치다, 끝나다
5 **glorify** [glɔ́:rəfài] …을 찬미하다, 영광을 더하다
  presence [prézns] 바로 곁, 면전
  glory [glɔ́:ri] 영광
6 **reveal** [rivíːl] 드러내다, 보여주다
  yours [juərz] 당신의 것, 네 것
  obey [oubéi] 따르다, 복종하다
7 **come from:** 나오다, …에서 오다

8 **accept** [æksépt] 받아들이다
  certainty [sə́:rtnti] 확실, 확신
9 **pray** [prei] 기도하다
10 **mine** [main] 내 것
11 **remain** [riméin] 머무르다, 남다
  no longer: 더 이상 …않다
  still [stil] 여전히
  protect [prətékt] 보호하다, 지키다

5

Jesus Prays for His Disciples

6

7

8

9

10

11

다. 거룩하신 아버지, 아버지께서 제게 주신 아버지의 이름으로 저들을 지켜 주셔서 우리가 하나인 것같이 그들도 하나가 되게 하여 주십시오.

12 제가 그들과 함께 있는 동안, 저는 아버지께서 제게 주신 아버지의 이름으로 그들을 지켰습니다. 저는 그들을 보호하였습니다. 멸망의 자식을 빼놓고는 그들 중 한 사람도 잃지 않았습니다. 멸망의 자식을 잃은 것은 성경 말씀이 이루어지게 하기 위함이었습니다."

13 "이제 저는 아버지께로 갑니다. 제가 세상에서 이것을 말하는 것은 저의 기쁨이 그 사람들 속에 충만히 있도록 하려는 것입니다.

14 제가 아버지의 말씀을 그들에게 주었습니다. 제가 세상에 속하지 않은 것처럼 그들도 세상에 속하지 않았으므로, 세상은 그들을 미워하였습니다.

15 제가 구하는 것은 아버지께서 그들을 세상에서 데려가 달라는 것이 아니라, 악으로부터 지켜 주시라는 것입니다.

16 제가 세상에 속하지 않은 것처럼 그들도 세상에 속하지 않았습니다.

17 그들을 진리로 거룩하게 해 주십시오. 아버지의 말씀은 진리입니다.

18 아버지께서 저를 세상에 보내신 것같이 저도 그들을 세상에 보냈습니다.

19 그들을 위해 내 자신을 거룩하게 하는 것은 그들도 진리 안에서 거룩해

they may be one as we are one.

12 While I was with them, I protected them and kept them safe by that name you gave me. None has been lost except the one doomed to destruction so that Scripture would be fulfilled.

13 "I am coming to you now, but I say these things while I am still in the world, so that they may have the full measure of my joy within them.

14 I have given them your word and the world has hated them, for they are not of the world any more than I am of the world.

15 My prayer is not that you take them out of the world but that you protect them from the evil one.

16 They are not of the world, even as I am not of it.

17 Sanctify them by the truth; your word is truth.

18 As you sent me into the world, I have sent them into the world.

19 For them I sanctify myself, that they too may be truly sanctified.

---

12 **safe** [seif] 안전한
none [nʌn] 아무도, 단 한 사람도
lost [lɔːst] 잃다, 분실하다
except [iksépt] 제외하다, 외에는
doom to: …할 운명에 처해있다
destruction [distrʌkʃən] 파괴, 멸망
Scripture [skríptʃər] 성경, 성서
fulfill [fulfíl] 이루다, 성취하다

13 **full measure:** 부족함이 없는 양, 가득한 양
within [wiðín] …안에, 내부에
14 **hate** [heit] 싫어하다
15 **protect A from B:** A를 B로부터 보호하다
evil [íːvəl] 사악한, 악
16 **even as:** (동일성을 강조) 꼭 …처럼
17 **sanctify** [sǽŋktəfài] …을 신성하게 하다
19 **truly** [trúːli] 실로, 참으로, 정말

12

13

14

15

16

17

18

19

지도록 하기 위해서입니다."

20 "저는 이 사람들을 위해서만 기도하는 것이 아니라, 이 사람들이 전하는 말을 듣고 저를 믿는 사람들을 위해서도 기도합니다.

21 아버지, 아버지께서 제 안에 계시고 제가 아버지 안에 있는 것같이, 믿는 사람들이 다 하나가 되게 하여 주시고, 그들도 우리 안에 있게 하셔서 아버지께서 저를 보내셨다는 것을 세상이 믿게 하여 주십시오.

22 우리가 하나인 것같이 그들도 하나가 되게 하기 위해 아버지께서 제게 주신 영광을 이 사람들에게 주었습니다.

23 제가 그들 안에 있고, 아버지께서 제 안에 계십니다. 부디 그들로 온전히 하나가 되게 해 주십시오. 그리하여 세상이, 아버지께서 저를 보내신 것과 아버지께서 저를 사랑하신 것처럼 그들도 사랑하셨다는 것을 알게 해 주십시오."

24 "아버지, 제가 있는 곳에 아버지께서 제게 주신 이 사람들이 저와 함께 있게 하여 주시기를 원합니다. 아버지께서 세상이 창조되기 전에 저를 사랑하셔서 아버지께서 제게 주신 그 영광을 그들로 보게 해 주십시오.

25 의로우신 아버지, 세상은 아버지를 알지 못하지만 저는 아버지를 알며, 이 사람들도 아버지께서 저를 보내신 것을 압니다.

26 아버지께서 제게 보이신 사랑이 그들에게 있고, 저도 그들 안에 있게 하기

Jesus Prays for All Believers

20 "My prayer is not for them alone. I pray also for those who will believe in me through their message,

21 that all of them may be one, Father, just as you are in me and I am in you. May they also be in us so that the world may believe that you have sent me.

22 I have given them the glory that you gave me, that they may be one as we are one–

23 I in them and you in me–so that they may be brought to complete unity. Then the world will know that you sent me and have loved them even as you have loved me.

24 "Father, I want those you have given me to be with me where I am, and to see my glory, the glory you have given me because you loved me before the creation of the world.

25 "Righteous Father, though the world does not know you, I know you, and they know that you have sent me.

26 I have made you known to them, and will continue to make you known in order that

---

20 **prayer** [prɛ́ər] 기도, 기원
alone [əlóun] 혼자, 홀로
believe in: …(의 존재)를 믿다
through [θru:] 통하여
message [mésidʒ] 메시지
21 **just as:** 처럼, 만큼
so that: …하도록
22 **glory** [glɔ́:ri] 영광

23 **bring** [briŋ] (어떤 상태에) 이르게 하다
complete [kəmplí:t] 완전한, 완성된
unity [júːnəti] 하나됨, 통합
even as: (동일성을 강조) 꼭 …처럼
24 **creation** [kriéiʃən] 창조
25 **righteous** [ráitʃəs] 옳은, 의로운
26 **continue** [kəntínju:] 계속하다
in order that: …하기 위해

20

21

22

23

24

25

26

위해 그 사람들에게 아버지의 이름을 알게 하였고, 앞으로도 계속 알게 할 것입니다."

예수님께서 붙잡히시다

18 예수님께서 이 모든 말씀을 마치시고, 제자들과 함께 기드론 골짜기 건너편으로 가셨습니다. 그곳에는 올리브 나무 정원이 있었습니다. 예수님과 제자들은 이 정원으로 갔습니다.

2 그곳은 예수님이 제자들과 함께 종종 모이셨던 곳이므로, 예수님을 배반한 유다도 이곳을 알고 있었습니다.

3 그래서 유다는 로마 군인들과 대제사장과 바리새인들이 보낸 성전 경비대를 데리고 정원으로 왔습니다. 그들은 등불과 횃불과 무기를 들고 있었습니다.

4 예수님께서는 자신에게 닥칠 일을 다 아시고, 그들 앞으로 나서며 물으셨습니다. "너희가 누구를 찾느냐?"

5 그들은 "나사렛 사람 예수다"라고 대답했습니다. 예수님께서 그 사람들에게 "내가 그 사람이다"라고 말씀하셨습니다. 예수님을 배반한 유다도 그들과 함께 거기에 서 있었습니다.

6 예수님께서 "내가 그 사람이다"라고 말씀하셨을 때, 사람들은 뒤로 물러나 땅에 엎드렸습니다.

the love you have for me may be in them and that I myself may be in them."

Jesus Arrested

18 When he had finished praying, Jesus left with his disciples and crossed the Kidron Valley. On the other side there was a garden, and he and his disciples went into it.

2 Now Judas, who betrayed him, knew the place, because Jesus had often met there with his disciples.

3 So Judas came to the garden, guiding a detachment of soldiers and some officials from the chief priests and the Pharisees. They were carrying torches, lanterns and weapons.

4 Jesus, knowing all that was going to happen to him, went out and asked them, "Who is it you want?"

5 "Jesus of Nazareth," they replied. "I am he," Jesus said. (And Judas the traitor was standing there with them.)

6 When Jesus said, "I am he," they drew back and fell to the ground.

7 Again he asked them, "Who is it you want?"

---

1 **finish** [fíniʃ] 마치다, 끝나다
leave [li:v] 떠나다, 남기다
disciple [disáipl] 제자
cross [krɔ:s] 건너다
valley [vaéli] 골짜기, 계곡
2 **betray** [bitréi] 배반하다, 배신하다
often [ɔ́:fən] 종종
3 **guide** [gaid] 안내하다, 인도하다

detachment [ditaéʧmənt] (군대의) 파견
soldier [sóuldʒər] 군인, 병사
official [əfíʃəl] 공무원, 관료
chief priest: 대제사장
torch [tɔ:rʧ] 횃불
lantern [laéntərn] 등
weapon [wépən] 무기, 병기
5 **traitor** [tréitər] 반역자, 배신자

Jesus Arrested

18

2

3

4

5

6

7

7 그러자 예수님께서 다시 물으셨습니다. "너희가 누구를 찾느냐?" 그들이 "나사렛 사람 예수다"라고 대답했습니다.

8 예수님께서 말씀하셨습니다. "내가 그 사람이라고 너희에게 말하였으니, 너희가 찾는 사람이 바로 나라면 이 사람들은 가게 하여라."

9 이렇게 말씀하신 것은 예수님께서 이전에 "아버지께서 제게 주신 자 중에 한 사람도 잃지 않았습니다"라고 말씀하신 것을 이루게 하시려는 것입니다.

10 그때, 시몬 베드로는 칼을 차고 있었습니다. 베드로가 칼을 빼어 대제사장의 종을 쳐서 오른쪽 귀를 베어 버렸습니다. 그 종의 이름은 말고였습니다.

11 예수님께서 베드로에게 말씀하셨습니다. "칼을 집에 꽂아라. 아버지께서 내게 주신 잔을 마시지 말란 말이냐?"

대제사장 앞에 서신 예수님

12 그 순간, 군인들과 천부장과 유대 성전 경비대가 예수님을 체포했습니다. 그들은 예수님을 결박하여

13 먼저 안나스에게로 끌고 갔습니다. 안나스는 그해의 대제사장인 가야바의 장인이었습니다.

14 가야바는 며칠 전에 유대인들에게 "한 사람이 백성을 위하여 죽는 것이 더 낫다"고 말한 사람이었습니다.

"Jesus of Nazareth," they said.

8 Jesus answered, "I told you that I am he. If you are looking for me, then let these men go."

9 This happened so that the words he had spoken would be fulfilled: "I have not lost one of those you gave me."

10 Then Simon Peter, who had a sword, drew it and struck the high priest's servant, cutting off his right ear. (The servant's name was Malchus.)

11 Jesus commanded Peter, "Put your sword away! Shall I not drink the cup the Father has given me?"

12 Then the detachment of soldiers with its commander and the Jewish officials arrested Jesus. They bound him

13 and brought him first to Annas, who was the father-in-law of Caiaphas, the high priest that year.

14 Caiaphas was the one who had advised the Jewish leaders that it would be good if one man died for the people.

Peter's First Denial

---

8 **look for:** 찾다
9 **so that:** …하도록
fulfill [fulfíl] 이루다, 성취하다
10 **sword** [sɔːrd] 칼
strike [straik] 치다, 때리다
servant [sə́ːrvənt] 하인, 종
11 **command** [kəmǽnd] 명령하다
put away: 치우다, 버리다

12 **detachment** [ditǽʧmənt] (군대의) 파견
soldier [sóuldʒər] 군인, 병사
Jewish [dʒúːiʃ] 유대인의
official [əfíʃəl] 공무원, 관료
arrest [ərést] 체포하다
bind [baind] 묶다, 속박하다
13 **father-in-law:** 시아버지, 장인
14 **advise** [ædváiz] 조언하다, 충고하다

8

9

10

11

12

13

14

Peter's First Denial

예수님을 부인한 베드로

15 시몬 베드로가 다른 제자 한 사람과 함께 예수님을 따라갔습니다. 이 다른 제자는 제사장과 친분이 있는 사람이었기에 그는 예수님과 함께 대제사장의 집 뜰 안으로 들어갔습니다.

16 그러나 베드로는 문밖에서 기다려야만 했습니다. 대제사장과 아는 사이인 그 제자가 문밖으로 나왔습니다. 그가 문 지키는 여자에게 말하여 베드로를 안으로 데리고 들어갔습니다.

17 문 지키는 여자가 베드로에게 "당신은 이 사람의 제자 중 한 사람이 분명 아니지요?" 하고 물었습니다. 베드로는 "난 아니에요"라고 대답했습니다.

18 날이 추워서 종들과 성전 경비대가 불을 피워 놓고, 주위에 둘러서서 불을 쬐고 있었습니다. 베드로도 그들과 함께 서서 불을 쬐고 있었습니다.

대제사장이 예수님을 심문함

19 대제사장이 예수님께 예수님이 가르친 말씀과 제자들에 관해 물었습니다.

20 예수님께서 대답하셨습니다. "나는 세상에 분명히 말하였다. 언제든지 유대인들이 모이는 회당과 성전 뜰에서 가르쳤고, 은밀하게 말한 것이 하나도 없었다.

21 그런데 어째서 내게 묻느냐? 내 말을 들은 사람들에게 내가 그들에게 무엇을 말했는지 직접 물어보아라. 그 사람들은 내가 무엇을 말했는지

15 Simon Peter and another disciple were following Jesus. Because this disciple was known to the high priest, he went with Jesus into the high priest's courtyard,

16 but Peter had to wait outside at the door. The other disciple, who was known to the high priest, came back, spoke to the servant girl on duty there and brought Peter in.

17 "You aren't one of this man's disciples too, are you?" she asked Peter. He replied, "I am not."

18 It was cold, and the servants and officials stood around a fire they had made to keep warm. Peter also was standing with them, warming himself.

The High Priest Questions Jesus

19 Meanwhile, the high priest questioned Jesus about his disciples and his teaching.

20 "I have spoken openly to the world," Jesus replied. "I always taught in synagogues or at the temple, where all the Jews come together. I said nothing in secret.

21 Why question me? Ask those who heard me. Surely they know what I said."

---

15 **another** [ənʌ́ðər] 다른, 또 하나의
disciple [disáipl] 제자
follow [fάlou] 따르다, 좇다
courtyard [kɔ́:rtjὰ:rd] 마당, 안뜰
16 **outside** [áutsáid] 바깥쪽, 밖의
on duty: 직무 중의, 근무 중의
17 **reply** [riplái] 대답하다
18 **official** [əfíʃəl] 공무원, 관료

warm [wɔːrm] 데우다, 따뜻하게 하다
19 **meanwhile** [mí:nwàil] …동안
question [kwéstʃən] 질문하다, 묻다
20 **openly** [óupənli] 숨김없이, 공개적으로
synagogue [sínəgὰg] 유대교의 예배당
temple [témpl] (the) 성전
in secret: 비밀히, 남몰래
21 **surely** [ʃúərli] 확실히, 틀림없이

15

16

17

18

The High Priest Questions Jesus

19

20

21

알고 있다.”

22 예수님이 이렇게 말씀하실 때, 곁에 있던 성전 경비대원 중 한 사람이 예수님의 얼굴을 주먹으로 치면서 말했습니다. “대제사장께 이런 식으로밖에 대답하지 못하겠소?”

23 예수님께서 그에게 “내가 잘못 말하였다면 그 잘못이 무엇인지 말하여라. 그러나 내가 사실을 말했다면 네가 어째서 나를 치느냐?” 하고 말씀하셨습니다.

24 그러자 안나스는 예수님을 결박한 채 대제사장 가야바에게 보냈습니다.

예수님을 세 번 부인한 베드로

25 시몬 베드로가 서서 불을 쬐고 있었습니다. 여러 사람들이 베드로에게 “당신도 저 사람의 제자 중 한 사람이 아닌 게 맞지요?”라고 물었습니다. 베드로가 부인하며 “난 아니오!”라고 대답했습니다.

26 대제사장의 종 한 사람이 거기에 있었는데 그 사람은 베드로가 전에 귀를 벤 사람의 친척이었습니다. 그가 확신에 차서 말하였습니다. “내가 당신이 그 사람과 함께 정원에 있는 것을 보았소!”

27 베드로는 다시 부인하였습니다. 그러자 바로 그 순간, 닭이 울었습니다.

빌라도 앞에 서신 예수님

28 그들은 예수님을 데리고 가야바의 집에서 로마 총독의 관저로 갔습니

22 When Jesus said this, one of the officials nearby slapped him in the face. "Is this the way you answer the high priest?" he demanded.

23 "If I said something wrong," Jesus replied, "testify as to what is wrong. But if I spoke the truth, why did you strike me?"

24 Then Annas sent him bound to Caiaphas the high priest.

Peter's Second and Third Denials

25 Meanwhile, Simon Peter was still standing there warming himself. So they asked him, "You aren't one of his disciples too, are you?" He denied it, saying, "I am not."

26 One of the high priest's servants, a relative of the man whose ear Peter had cut off, challenged him, "Didn't I see you with him in the garden?"

27 Again Peter denied it, and at that moment a rooster began to crow.

Jesus Before Pilate

28 Then the Jewish leaders took Jesus from Caiaphas to the palace of the Roman governor. By now it was early morning, and

---

22 **official** [əfíʃəl] 공무원, 관료
   nearby [nìərbái] 근처에, 주변에
   slap [slæp] 때리다, 손바닥으로 치다
   demand [diméend] 요구하다
23 **testify** [téstəfài] 증언하다, 증명하다
   strike [straik] 치다, 때리다
24 **bind** [baind] 묶다, 속박하다
25 **meanwhile** [míːnwàil] …동안

disciple [disáipl] 제자
deny [dinái] 부인하다
26 **relative** [rélətiv] 친척, 인척
   challenge [tʃǽlindʒ] 도전하다, 이의를 제기하다
27 **at that moment**: 그 순간, 그때에
   rooster [rúːstər] 수탉
   crow [krou] (수탉이) 울다
28 **governor** [gʌ́vərnər] 총독, 조직의 우두머리

22

23

24

Peter's Second and Third Denials

25

26

27

Jesus Before Pilate

28

다. 때는 새벽이었습니다. 유대인들은 몸을 더럽히지 않고 유월절 음식을 먹으려고 총독의 관저에 들어가지 않았습니다.

29 그래서 빌라도가 직접 밖으로 나와 유대인들에게 물었습니다. "당신들은 무슨 죄목으로 이 사람을 고소하는 거요?"

30 그들이 대답했습니다. "이 사람이 범죄자가 아니라면 총독님께 그를 넘기지 않았을 것입니다."

31 빌라도가 그들에게 말했습니다. "당신들이 직접 그를 붙잡아다가 당신들의 법대로 재판하시오." 유대인들은 빌라도에게 "우리에게는 사람을 죽일 권한이 없습니다"라고 대답했습니다.

32 이로써 예수님께서 자신이 어떠한 죽음을 맞을 것인지에 관해 전에 하셨던 말씀이 이루어졌습니다.

33 빌라도는 다시 관저로 들어갔습니다. 그리고 그 안으로 예수님을 불러들여, 예수님께 물었습니다. "당신이 유대인의 왕이오?"

34 예수님께서 말씀하셨습니다. "이것은 네 스스로 하는 말이냐 아니면 다른 사람들이 나에 관하여 네게 한 말이냐?"

35 빌라도가 대답했습니다. "나는 유대인이 아니오. 당신의 민족과 대제사장들이 당신을 나에게 넘겼소. 당신은 무슨 짓을 행했소?"

36 예수님께서 대답하셨습니다. "내 나라는 이 세상에 속하지 않았다. 만일 내 나라

to avoid ceremonial uncleanness they did not enter the palace, because they wanted to be able to eat the Passover.

29 So Pilate came out to them and asked, "What charges are you bringing against this man?"

30 "If he were not a criminal," they replied, "we would not have handed him over to you."

31 Pilate said, "Take him yourselves and judge him by your own law." "But we have no right to execute anyone," they objected.

32 This took place to fulfill what Jesus had said about the kind of death he was going to die.

33 Pilate then went back inside the palace, summoned Jesus and asked him, "Are you the king of the Jews?"

34 "Is that your own idea," Jesus asked, "or did others talk to you about me?"

35 "Am I a Jew?" Pilate replied. "Your own people and chief priests handed you over to me. What is it you have done?"

36 Jesus said, "My kingdom is not of this world. If it were, my servants would fight to

28 **avoid** [əvɔ́id] 피하다, 가까이하지 않다
ceremonial [sèrəmóuniəl] 의식, 예식
uncleanness: 더러움, 부정함
palace [paélis] 관저, 공관, 궁전
Passover [pǽsou,vər] 유월절
29 **charge** [tʃaːrdʒ] 고발하다
bring against: …을 상대로 소송하다
30 **criminal** [ˈkrɪmɪnl] 범죄의
hand over: 넘겨주다, 인계하다
31 **judge** [dʒʌdʒ] 판단하다, 심판하다
execute [éksikjùːt] 처형하다, 집행하다
object [əbdʒékt] 이의를 주장하다
32 **fulfill** [fulfíl] 이루다, 성취하다
33 **summon** [sʌ́mən] 소환하다, 불러내다
35 **chief priest:** 대제사장
36 **kingdom** [kíŋdəm] 왕국

29

30

31

32

33

34

35

36

가 이 세상에 속한 나라였다면, 내 종들이 싸워서 내가 유대인들에게 잡히지 않게 했을 것이다. 이제 내 나라는 이 땅에 속한 것이 아니다."

37 빌라도가 말했습니다. "그렇다면, 당신이 왕이란 말이오?" 예수님께서 대답하셨습니다. "너는 나에게 왕이라고 바르게 말하는구나. 사실 나는 이것을 위하여 태어났으며, 이것을 위해 세상에 왔다. 나는 진리에 대해 증언하려고 왔다. 진리에 속한 사람은 내 말을 듣는다."

38 "진리가 무엇이오?" 빌라도가 물었습니다. 이 말을 하고, 빌라도는 다시 관저에서 나와 유대인들에게로 가서 말하였습니다. "나는 이 사람에게서 아무 죄도 찾지 못하였소.

39 유월절에 내가 당신들에게 죄수 한 사람을 놓아주는 풍습이 있소. 당신들은 '유대인의 왕을 당신들에게 놓아주기를 바라시오?"

40 그들은 다시금 목소리를 높여 "이 사람이 아니라 바라바를 놓아주시오"라고 소리 질렀습니다. 바라바는 강도였습니다.

십자가에 못박으라는 판결을 내리다

19 그래서 빌라도가 예수님을 데리고 가서 채찍질하게 했습니다.

2 군인들은 가시나무로 왕관을 만들어 예수님의 머리에 씌우고 자줏빛 옷을 입혔습니다.

3 그런 다음 그들은 여러 차례 예수님

prevent my arrest by the Jewish leaders. But now my kingdom is from another place."

37 "You are a king, then!" said Pilate. Jesus answered, "You say that I am a king. In fact, the reason I was born and came into the world is to testify to the truth. Everyone on the side of truth listens to me."

38 "What is truth?" retorted Pilate. With this he went out again to the Jews gathered there and said, "I find no basis for a charge against him.

39 But it is your custom for me to release to you one prisoner at the time of the Passover. Do you want me to release 'the king of the Jews'?"

40 They shouted back, "No, not him! Give us Barabbas!" Now Barabbas had taken part in an uprising.

Jesus Sentenced to Be Crucified

19 Then Pilate took Jesus and had him flogged.

2 The soldiers twisted together a crown of thorns and put it on his head. They clothed him in a purple robe

3 and went up to him again and again, saying,

---

36 **prevent** [privént] 막다, 못하게 하다
arrest [ərést] 체포하다
37 **in fact**: 사실, 실제로
38 **retort** [ritɔ́ːrt] 되받아치다, 응수하다
gather [gaéðər] 모이다, 모여들다
basis [béisis] 기초, 근거
charge [tʃaːrdʒ] 고발하다
39 **custom** [kʌ́stəm] 관습, 풍습

release [rilíːs] 해방하다, 석방하다
prisoner [prízənər] 죄수, 수감자
40 **take part in**: 가담하다, 참가하다
uprising [ʌpràiziŋ] 반란, 폭동
1 **flog** [flag] 매질하다, 채찍질하다
2 **twist** [twist] 꼬다
thorn [θɔːrn] 가시
robe [roub] 로브, 길고 넉넉한 예복

37

38

39

40

Jesus Sentenced to Be Crucified

19

2

3

께 와서 "유대인의 왕 만세!"라고 말하며 얼굴을 때렸습니다.

4 빌라도가 또다시 관저 밖으로 나와서 사람들에게 말했습니다. "자, 내가 예수를 당신들에게 데리고 나오겠소. 내가 그를 고소할 아무런 죄도 발견하지 못한 것을 당신들은 알게 될 것이오."

5 예수님께서 가시관을 쓰고 자줏빛 옷을 입고 나오시자, 빌라도가 유대인들에게 말하였습니다. "보시오, 이 사람이오!"

6 대제사장들과 성전 경비병들이 예수님을 보고 목소리를 높여 외쳤습니다. "십자가에 못박으시오! 십자가에 못박으시오!" 빌라도가 그들을 향해 이렇게 말했습니다. "당신들이 이 사람을 데리고 가서 십자가에 못박으시오. 나는 그에게서 아무 죄도 찾지 못했소."

7 유대인들은 "우리의 법대로 하면 그는 당연히 죽어야 합니다. 자기를 하나님의 아들이라고 주장하니 말입니다"라고 우겼습니다.

8 빌라도는 이 말을 듣자, 더욱 두려워하였습니다.

9 그래서 그는 다시 관저로 들어가 예수님께 "당신은 어디서 왔소?"라고 물었습니다. 그러나 예수님께서는 그에게 대답하지 않으셨습니다.

10 빌라도가 예수님께 말했습니다. "나

"Hail, king of the Jews!" And they slapped him in the face.

4 Once more Pilate came out and said to the Jews gathered there, "Look, I am bringing him out to you to let you know that I find no basis for a charge against him."

5 When Jesus came out wearing the crown of thorns and the purple robe, Pilate said to them, "Here is the man!"

6 As soon as the chief priests and their officials saw him, they shouted, "Crucify! Crucify!" But Pilate answered, "You take him and crucify him. As for me, I find no basis for a charge against him."

7 The Jewish leaders insisted, "We have a law, and according to that law he must die, because he claimed to be the Son of God."

8 When Pilate heard this, he was even more afraid,

9 and he went back inside the palace. "Where do you come from?" he asked Jesus, but Jesus gave him no answer.

10 "Do you refuse to speak to me?" Pilate said. "Don't you realize I have power either to free

---

3 hail [heil] (군주에 대한 칭송) 만세
  slap [slæp] 때리다, 손바닥으로 치다
4 gather [gaéðər] 모으다
  basis [béisis] 기초, 근거
  charge [tʃɑːrdʒ] 고발하다
  against [əgénst] …에 반대하여, 대항하여
6 as soon as: …하자마자
  chief priest: 대제사장

crucify [krúːsəfài] 십자가에 못박다
7 insist [insíst] 주장하다
  according to: 따르면, 의하면
  claim [kleim] 주장하다
8 even more: 더욱 더
  afraid [əfréid] 두려워하다
9 palace [pǽlis] 관저, 공관, 궁전
10 either [íːðər] 둘 중 어느 하나

4

5

6

7

8

9

10

에게 대답을 하지 않을 작정이오? 나에게는 당신을 놓아줄 권한도 있고, 십자가에 못박을 권한도 있다는 것을 알지 못하오?"

11 예수님께서 대답하셨습니다. "그 권세가 위에서 주어진 것이 아니라면, 네게는 나를 해할 어떤 권한도 없다. 그러므로 나를 너에게 넘겨준 그 사람의 죄는 더 크다."

12 그때부터 빌라도는 예수님을 놓아주려고 애를 썼습니다. 그러나 유대인들은 소리를 지르며 "만일 당신이 이 사람을 풀어 주면, 당신은 가이사의 지지자가 아닙니다. 자신을 왕이라고 하는 사람은 가이사를 반역하는 자입니다" 라고 외쳤습니다.

13 빌라도는 이 말을 듣자, 예수님을 데리고 나와 '돌로 포장된 바닥'(아람어로는 '가바다')에 마련된 재판석에 앉았습니다.

14 때는 유월절 주간의 예비일이었고 낮 12시쯤이었습니다. 빌라도가 유대인들에게 말했습니다. "보시오, 당신들의 왕이오!"

15 그 사람들은 소리를 질렀습니다. "없애 버려라! 없애 버려라! 그를 십자가에 못박아라!" 빌라도가 그들에게 물었습니다. "당신들의 왕을 나더러 십자가에 못박으란 말이오?" 대제사장들이 대답하였습니다. "우리에게 가이사 외에는 왕이 없소!"

16 그래서 빌라도는 예수님을 십자가에 못박도록 그들에게 넘겨주었습니다. 군

you or to crucify you?"

11 Jesus answered, "You would have no power over me if it were not given to you from above. Therefore the one who handed me over to you is guilty of a greater sin."

12 From then on, Pilate tried to set Jesus free, but the Jewish leaders kept shouting, "If you let this man go, you are no friend of Caesar. Anyone who claims to be a king opposes Caesar."

13 When Pilate heard this, he brought Jesus out and sat down on the judge's seat at a place known as the Stone Pavement (which in Aramaic is Gabbatha).

14 It was the day of Preparation of the Passover; it was about noon. "Here is your king," Pilate said to the Jews.

15 But they shouted, "Take him away! Take him away! Crucify him!" "Shall I crucify your king?" Pilate asked. "We have no king but Caesar," the chief priests answered.

16 Finally Pilate handed him over to them to be crucified.

The Crucifixion of Jesus

10 crucify [krúːsəfài] 십자가에 못박다
11 from above: 위로부터
therefore [ðéərfɔːr] 그러므로, 그래서
hand over: 넘겨주다, 인계하다
guilty [gílti] 유죄의, 죄를 범한
12 set free: 자유롭게 하다
keep …ing: 계속 …하다
oppose [əpóuz] 반대하다, 대항하다
13 judge's seat: 판사석, 재판석
pavement [péivmənt] 포장 도로, 포장된 면
Aramaic [ærəméiik] 아람어, 아람어의
14 preparation [prèpəréiʃən] 준비, 대비
Passover [pæ'souˌvər] 유월절
noon [nuːn] 정오
15 take away: 제거하다
16 finally [fáinəli] 결국

11

12

13

14

15

16

The Crucifixion of Jesus

인들이 예수님을 데리고 갔습니다.

십자가에서 죽으심

17 예수님께서 자신이 매달릴 십자가를 직접 지고 '해골의 터'(아람어로는 '골고다')라는 곳으로 가셨습니다.

18 그곳에서 사람들은 예수님을 십자가에 못박았습니다. 또한 예수님과 함께 다른 두 사람도 예수님을 가운데 두고 양편에 한 사람씩 십자가에 못박혔습니다.

19 빌라도는 명패를 써서 십자가 위에 붙였습니다. 거기에는 '유대인의 왕, 나사렛 예수'라고 쓰여 있었습니다.

20 많은 유대인들이 그 명패를 읽을 수 있었던 것은 예수님께서 죽으신 곳이 예루살렘 성에서 가깝고, 그 명패는 아람어, 라틴어, 그리스어로 씌어 있었기 때문입니다.

21 유대인의 대제사장들이 빌라도에게 "'유대인의 왕'이라 쓰지 말고, '나는 유대인의 왕이다'라고 쓰십시오" 하면서 억지를 부렸습니다.

22 빌라도는 "나는 내가 쓸 것을 썼을 뿐이다!"라고 대답했습니다.

23 군인들은 예수님을 십자가에 못박은 뒤에, 그의 옷을 네 조각으로 나누었습니다. 그리고는 저마다 한 조각씩 나누어 가졌습니다. 그들은 속옷도 가져갔는데, 그 옷은 위로부터 아래까지 완전히 통으로 짠 것이었습니다.

So the soldiers took charge of Jesus.

17 Carrying his own cross, he went out to the place of the Skull (which in Aramaic is called Golgotha).

18 There they crucified him, and with him two others–one on each side and Jesus in the middle.

19 Pilate had a notice prepared and fastened to the cross. It read: jesus of nazareth, the king of the jews.

20 Many of the Jews read this sign, for the place where Jesus was crucified was near the city, and the sign was written in Aramaic, Latin and Greek.

21 The chief priests of the Jews protested to Pilate, "Do not write 'The King of the Jews,' but that this man claimed to be king of the Jews."

22 Pilate answered, "What I have written, I have written."

23 When the soldiers crucified Jesus, they took his clothes, dividing them into four shares, one for each of them, with the undergarment remaining. This garment was seamless, woven in one piece from top to bottom.

24 "Let's not tear it," they said to one another.

---

17 **skull** [skʌl] 해골, 머리뼈
Aramaic [ærəméiik] 아람어, 아람어의
18 **on each side:** 양 쪽에, 쌍방 측에
in the middle: 중앙에, 한 가운데에
19 **notice** [nóutis] 공지, 게시
prepare [pripéər] 준비하다, 마련하다
fasten [fǽsn] 매다, 단단히 고정시키다
20 **Latin** [lǽtən] 라틴어, 라틴의

21 **protest** [próutest] 이의를 제기하다, 항의하다
23 **divide into:** …으로 나누다
undergarment [ə'ndərga,rmənt] 속옷, 내복
garment [gáːrmənt] 의류, 옷
seamless [síːmlis] 이음매 없는, 틈새없는
weave [wiːv] 짜다, 엮다
bottom [bátəm] 아래, 밑
24 **tear** [tiər] 찢다

17

18

19

20

21

22

23

24

24 그래서 군인들은 "이것은 찢지 말고 제비를 뽑아 누가 가질지 정하자"라고 말하였습니다. 이런 일이 일어난 것은 그렇게 되리라고 말한 성경 말씀을 이루기 위해서였습니다. "그들이 자기들끼리 내 옷을 나누고 내 옷을 가지려고 제비 뽑나이다."

25 예수님의 십자가 곁에는, 예수님의 어머니와 예수님의 이모와 글로바의 아내 마리아와 막달라 마리아가 서 있었습니다.

26 예수님께서 그의 어머니와 그 곁에 사랑하는 제자가 서 있는 것을 보시고, 어머니를 향해 말씀하셨습니다. "여자여, 보십시오! 어머님의 아들입니다."

27 그리고 그 제자에게는 "보아라, 네 어머니이시다"라고 말씀하셨습니다. 그때부터 이 제자는 예수님의 어머니를 자기 집에 모셨습니다.

예수님의 죽음

28 이후에 예수님께서는 이미 모든 것이 이루어진 줄 아시고 성경이 성취되도록 하기 위하여 "내가 목마르다"라고 말씀하셨습니다.

29 그곳에 신 포도주가 담긴 항아리가 있었습니다. 군인들이 해면을 신 포도주에 흠뻑 적셔서, 우슬초 막대기에 매달아 예수님의 입으로 가져갔습니다.

30 예수님께서는 신 포도주를 맛보신

"Let's decide by lot who will get it." This happened that the scripture might be fulfilled that said, "They divided my clothes among them and cast lots for my garment." So this is what the soldiers did.

25 Near the cross of Jesus stood his mother, his mother's sister, Mary the wife of Clopas, and Mary Magdalene.

26 When Jesus saw his mother there, and the disciple whom he loved standing nearby, he said to her, "Woman, here is your son,"

27 and to the disciple, "Here is your mother." From that time on, this disciple took her into his home.

The Death of Jesus

28 Later, knowing that everything had now been finished, and so that Scripture would be fulfilled, Jesus said, "I am thirsty."

29 A jar of wine vinegar was there, so they soaked a sponge in it, put the sponge on a stalk of the hyssop plant, and lifted it to Jesus' lips.

30 When he had received the drink, Jesus said, "It is finished." With that, he bowed his head

---

24 **decide by lot:** 제비를 뽑아 결정하다
happen [hǽpən] 일어나다, 발생하다
scripture [skríptʃər] 성경, 성서
fulfill [fulfíl] 이루다, 성취하다
cast lots: 제비뽑기를 하다
garment [gάːrmənt] 의류, 옷
soldier [sóuldʒər] 군인, 병사
25 **wife** [waif] 아내, 부인

26 **nearby** [nìərbái] 근처에, 주변에
27 **from that time on:** 그뒤, 그때부터
28 **thirsty** [θə́ːrsti] 목마른, 갈증난
29 **jar** [dʒɑːr] 항아리, 단지
wine vinegar: 와인 식초
soak [souk] 젖다, 흡수하다
stalk [stɔːk] 줄기, 대, 자루
hyssop [hísəp] 우슬초, 히솝풀

25

26

27

The Death of Jesus

28

29

30

다음 "다 이루었다"라고 말씀하셨습니다. 이 말씀을 하신 후 고개를 아래로 떨구시고 운명하셨습니다.

31 이날은 예비일이었고, 다음 날은 안식일이었습니다. 유대인들은 안식일에 시신을 십자가에 그대로 두고 싶지 않았습니다. 그래서 빌라도에게 시신의 다리를 부러뜨리고, 그 시신을 십자가에서 내려 달라고 부탁했습니다.

32 군인들이 가서 예수님과 함께 못박힌 첫 번째 사람의 다리와 또 다른 사람의 다리를 부러뜨렸습니다.

33 그러나 군인들이 예수님께 갔을 때에 그들은 예수님께서 이미 돌아가신 것을 알고는 그분의 다리를 부러뜨리지 않고,

34 창으로 예수님의 옆구리를 찔렀습니다. 바로 피와 물이 쏟아져 나왔습니다.

35 이것을 본 사람이 증언한 것이니, 그의 증언은 참됩니다. 그는 자기가 진리를 말하고 있다는 것을 알았습니다. 그가 이렇게 말한 것은 여러분들도 믿게 하려는 것입니다.

36 이런 일이 일어난 것은 "그의 뼈가 하나도 부러지지 않을 것이다"라고 쓰여진 성경 말씀을 이루기 위해서입니다.

37 또 다른 성경에는 "그들은 자기들이 찌른 사람을 볼 것이다"라는 말씀이

and gave up his spirit.

31 Now it was the day of Preparation, and the next day was to be a special Sabbath. Because the Jewish leaders did not want the bodies left on the crosses during the Sabbath, they asked Pilate to have the legs broken and the bodies taken down.

32 The soldiers therefore came and broke the legs of the first man who had been crucified with Jesus, and then those of the other.

33 But when they came to Jesus and found that he was already dead, they did not break his legs.

34 Instead, one of the soldiers pierced Jesus' side with a spear, bringing a sudden flow of blood and water.

35 The man who saw it has given testimony, and his testimony is true. He knows that he tells the truth, and he testifies so that you also may believe.

36 These things happened so that the scripture would be fulfilled: "Not one of his bones will be broken,"

37 and, as another scripture says, "They will

---

31 preparation [prèpəréiʃən] 준비, 대비
 Sabbath [sǽbəθ] 안식일
 Jewish [dʒúːiʃ] 유대인의
 body [bάdi] 시체, 시신
 during [djúəriŋ] …동안
 break [breik] 부수다, 부러지다
32 therefore [ðɛ́ərfɔ̀ːr] 그러므로, 그래서
33 already [ɔːlrédi] 이미

34 instead [instéd] 대신에
 pierce [piərs] 뚫다, 꿰뚫다
 spear [spiər] 창
 sudden [sʌ́dn] 갑작스러운, 돌연한
 flow [flou] 흐르다, 흘러나오다
35 testimony [téstəmòuni] 증언
36 scripture [skríptʃər] 성구
 fulfill [fulfíl] 이루다, 성취하다

31

32

33

34

35

36

37

있습니다.

무덤에 묻히신 예수님

38 이 일이 일어난 후, 아리마대 사람 요셉이 빌라도에게 예수님의 시신을 가져가겠다고 요청하였습니다. 요셉은 예수님의 제자였지만, 유대인들이 두려워 그 사실을 감춰 왔습니다. 빌라도가 허락하자, 요셉이 와서 예수님의 시신을 가져갔습니다.

39 니고데모도 요셉과 함께 왔습니다. 니고데모는 일찍이 밤에 예수님을 찾아왔던 사람이었습니다. 그는 몰약과 알로에를 섞어 만든 향료를 약 33킬로그램 정도 가져왔습니다.

40 이 두 사람은 유대인들의 장례 풍습에 따라 예수님의 시신을 가져다가, 향료와 함께 고운 베로 쌌습니다.

41 예수님께서 십자가에 못박히신 곳에는 동산이 있었습니다. 그 동산에는 아직까지 한 사람도 그 안에 안치한 적이 없는 새 무덤이 있었습니다.

42 무덤도 가까이 있고 유대인들의 예비일이기도 해서, 요셉과 니고데모는 예수님의 시신을 그 무덤에 넣어 두었습니다.

예수님의 빈 무덤

20 안식일 다음 날, 이른 아침에 막달라 마리아가 무덤으로 갔습니다. 날은 아직 어두웠습니다. 마리아는 무

look on the one they have pierced."

The Burial of Jesus

38 Later, Joseph of Arimathea asked Pilate for the body of Jesus. Now Joseph was a disciple of Jesus, but secretly because he feared the Jewish leaders. With Pilate's permission, he came and took the body away.

39 He was accompanied by Nicodemus, the man who earlier had visited Jesus at night. Nicodemus brought a mixture of myrrh and aloes, about seventy-five pounds.

40 Taking Jesus' body, the two of them wrapped it, with the spices, in strips of linen. This was in accordance with Jewish burial customs.

41 At the place where Jesus was crucified, there was a garden, and in the garden a new tomb, in which no one had ever been laid.

42 Because it was the Jewish day of Preparation and since the tomb was nearby, they laid Jesus there.

The Empty Tomb

20 Early on the first day of the week, while it was still dark, Mary Magdalene went to the tomb and saw that the stone had been

38 **secretly** [síːkrətli] 비밀히, 남몰래
fear [fiər] 두려워하다, 무서워하다
permission [pərmíʃən] 허가, 허락
39 **accompany** [əkʌ́mpəni] 동행하다
earlier [ə́ːrliər] 이전에, 일찍이
visit [vízit] 방문하다
mixture [míkstʃər] 혼합, 배합
myrrh [məːr] 몰약, 향료

40 **wrap** [ræp] 싸다, 감싸다
spice [spais] 향료
strip [strip] 띠, 길쭉한 조각
accordance [əkɔ́ːrdns] …에 따라
burial [bériəl] 장례
custom [kʌ́stəm] 풍습, 관습
41 **tomb** [tuːm] 무덤
1 **still** [stil] 여전히, 아직

The Burial of Jesus

38

39

40

41

42

The Empty Tomb

20

덤 입구를 막았던 커다란 돌이 무덤에서 옮겨진 것을 보았습니다.

2 그래서 마리아는 시몬 베드로와 예수님께서 사랑하시던 다른 제자에게 달려가서 말했습니다. "사람들이 주님을 무덤에서 빼갔나 봐요. 그런데 그들이 주님을 가져다 어디에 두었는지 모르겠어요."

3 그 말을 들은 베드로와 다른 제자는 무덤 쪽으로 향했습니다.

4 두 사람 모두 달려갔습니다. 다른 제자가 베드로보다 더 빨리 달려 무덤에 먼저 도착했습니다.

5 그 제자는 몸을 굽혀 고운 베가 거기에 놓여 있는 것을 보았지만, 무덤 안으로는 들어가지 않았습니다.

6 뒤따라온 시몬 베드로는 무덤에 도착하자, 바로 무덤 안으로 들어갔습니다. 베드로는 고운 베가 거기에 놓여 있는 것을 보았습니다.

7 그는 예수님의 머리를 감았던 천도 보았습니다. 그 천은 고운 베와 겹쳐 있지 않고 조금 떨어진 곳에 잘 개켜져 있었습니다.

8 그제서야 무덤에 먼저 왔던 다른 제자도 무덤 안으로 들어와 보고 믿었습니다.

9 이때까지만 해도 제자들은 예수님께서 죽음에서 살아나야 한다는 성경 말씀을 깨닫지 못했습니다.

10 그리고서 두 제자는 자기 집으로 돌

removed from the entrance.

2 So she came running to Simon Peter and the other disciple, the one Jesus loved, and said, "They have taken the Lord out of the tomb, and we don't know where they have put him!"

3 So Peter and the other disciple started for the tomb.

4 Both were running, but the other disciple outran Peter and reached the tomb first.

5 He bent over and looked in at the strips of linen lying there but did not go in.

6 Then Simon Peter came along behind him and went straight into the tomb. He saw the strips of linen lying there,

7 as well as the cloth that had been wrapped around Jesus' head. The cloth was still lying in its place, separate from the linen.

8 Finally the other disciple, who had reached the tomb first, also went inside. He saw and believed.

9 (They still did not understand from Scripture that Jesus had to rise from the dead.)

10 Then the disciples went back to where they

---

1 remove [rimúːv] 이동시키다, 제거하다
  entrance [éntrəns] 입구
3 start for: …을 향해 출발하다
4 outrun [autrə'n] …보다 빨리 달리다
  reach [riːtʃ] 도착하다, 닿다
5 bend over: 허리를 굽히다
  strip [strip] 띠, 길쭉한 조각
6 behind [biháind] 뒤에, 뒤쪽에

　straight into: 곧장
7 as well as: …뿐만 아니라
  wrap [ræp] 싸다, 감싸다
  separate [sépərèit] 떼어놓다, 분리하다
8 finally [fáinəli] 결국, 마지막으로
  inside [ˌinˈsaid] 내부, 안쪽
9 Scripture [skríptʃər] 성경, 성서
  rise from: …에서 다시 살아나다

2

3

4

5

6

7

8

9

10

아갔습니다.

예수님께서 막달라 마리아에게 나타나심

11 그러나 마리아는 무덤 밖에 서서 울고 있었습니다. 마리아는 울면서 몸을 굽혀 무덤 안을 들여다보았습니다.

12 마리아는 흰옷 입은 두 천사를 보았습니다. 두 천사는 예수님의 시신이 있던 곳에 앉아 있었습니다. 한 천사는 머리 쪽에, 다른 천사는 발 쪽에 있었습니다.

13 천사가 마리아에게 물었습니다. "여자여, 왜 울고 있소?" 마리아가 대답했습니다. "사람들이 우리 주님을 어디론가 가져갔는데, 주님을 어디에 두었는지를 알지 못하겠습니다."

14 마리아가 이 말을 하고 뒤를 돌아보자, 거기 예수님께서 서 계셨습니다. 그러나 마리아는 그분이 예수님이신 줄 알지 못했습니다.

15 예수님께서 마리아에게 물으셨습니다. "여자여, 왜 울고 있느냐? 누구를 찾고 있느냐?" 마리아는 그분이 동산 관리인인 줄로 생각하고 "저, 당신이 그분을 다른 곳으로 옮겨 놓았다면, 어디로 옮겨 놓았는지 말씀해 주세요. 그러면 제가 모셔 갈게요"라고 말했습니다.

16 예수님께서 마리아에게 "마리아야!"라고 말씀하셨습니다. 마리아는 예수님께 몸을 돌려 아람어로 "랍오니"라고 외쳤습니다(이 말은 '선생님'이란 뜻입니다).

17 예수님께서 마리아에게 말씀하셨습니

were staying.

Jesus Appears to Mary Magdalene

11 Now Mary stood outside the tomb crying. As she wept, she bent over to look into the tomb

12 and saw two angels in white, seated where Jesus' body had been, one at the head and the other at the foot.

13 They asked her, "Woman, why are you crying?" "They have taken my Lord away," she said, "and I don't know where they have put him."

14 At this, she turned around and saw Jesus standing there, but she did not realize that it was Jesus.

15 He asked her, "Woman, why are you crying? Who is it you are looking for?" Thinking he was the gardener, she said, "Sir, if you have carried him away, tell me where you have put him, and I will get him."

16 Jesus said to her, "Mary." She turned toward him and cried out in Aramaic, "Rabboni!" (which means "Teacher").

17 Jesus said, "Do not hold on to me, for I have

---

10 **stay** [stei] 체류하다, 머물다
11 **outside** [áutsáid] 바깥쪽, 밖의
　weep [wi:p] 울다, 눈물을 흘리다
　bend over: 허리를 굽히다
12 **body** [bάdi] 시체, 시신
　the other: 둘 중의 다른 하나
14 **at this:** 이에, 이를 보고, 이를 듣고
　turn around: 돌아보다

　realize [rí:əlàiz] 깨닫다, 알다
15 **look for:** 찾다
　gardener [gά:rdnər] 정원사
　sir [sər] 선생님, 경, 아저씨
　carry … away: …을 가져가 버리다
16 **toward** [tɔ:rd] 쪽으로, 향하여
　cry out: 크게 외치다
　Aramaic [ærəméiik] 아람어, 아람어의

Jesus Appears to Mary Magdalene

11

12

13

14

15

16

17

다. "나를 계속 붙잡고 있지 마라. 내가 아직 아버지께로 올라가지 않았다. 다만 너는 나의 형제들에게 가서 이렇게 말하여라. '나는 내 아버지 곧 너희 아버지, 내 하나님 곧 너희 하나님께로 돌아갈 것이다.'"

18 막달라 마리아가 제자들에게 가서 "내가 주님을 보았어요!"라고 말했습니다. 그리고 예수님께서 자기에게 하신 말씀을 전하였습니다.

예수님께서 제자들에게 나타나심

19 같은 날 저녁에, 제자들이 함께 모여 있었습니다. 제자들은 유대인들이 두려워 문을 꼭 잠갔습니다. 그곳에 예수님께서 오셔서 그들 가운데 서서 말씀하셨습니다. "너희에게 평강이 있을지어다!"

20 이 말씀을 하시고는 제자들에게 손과 옆구리를 보이셨습니다. 제자들은 주님을 보자 무척 기뻐했습니다.

21 다시, 예수님께서는 "너희에게 평강이 있을지어다! 아버지께서 나를 보내신 것같이 나도 너희를 보낸다"라고 말씀하셨습니다.

22 이 말씀을 하시고, 그들을 향해 숨을 내쉬며 말씀하셨습니다. "성령을 받아라.

23 너희가 누구의 죄든지 용서하면, 그 죄는 사함을 받을 것이다. 너희가 누구의 죄든지 용서하지 않으면, 그 죄는 사함을 받지 못할 것이다."

not yet ascended to the Father. Go instead to my brothers and tell them, 'I am ascending to my Father and your Father, to my God and your God.'"

18 Mary Magdalene went to the disciples with the news: "I have seen the Lord!" And she told them that he had said these things to her.

Jesus Appears to His Disciples

19 On the evening of that first day of the week, when the disciples were together, with the doors locked for fear of the Jewish leaders, Jesus came and stood among them and said, "Peace be with you!"

20 After he said this, he showed them his hands and side. The disciples were overjoyed when they saw the Lord.

21 Again Jesus said, "Peace be with you! As the Father has sent me, I am sending you."

22 And with that he breathed on them and said, "Receive the Holy Spirit.

23 If you forgive anyone's sins, their sins are forgiven; if you do not forgive them, they are not forgiven."

---

17 **not yet:** 아직 … 않다
ascend [əsénd] 오르다, 올라가다
instead [instéd] 대신에
18 **disciple** [disáipl] 제자
19 **evening** [íːvniŋ] 저녁, 저녁때
for fear of: …을 피하려고
Jewish [dʒúːiʃ] 유대인의
among [əmʌ́ŋ] 사이에

peace [piːs] 평화, 평온
20 **side** [said] 옆구리, 허구리
overjoy [òuvərdʒɔ́i] …을 매우 기쁘게 하다
22 **breath** [breθ] 숨, 호흡
receive [risíːv] 받다, 얻다
Holy Spirit: 성령
23 **forgive** [fərgív] 용서하다, 양해하다
sin [sin] 죄, 죄를 짓다

18

Jesus Appears to His Disciples

19

20

21

22

23

예수님께서 도마에게 나타나심

24 열두 제자 중에서 디두모라는 별명을 가진 도마는 예수님께서 오셨을 때, 다른 제자들이 있던 그 자리에 없었습니다.

25 그래서 다른 제자들이 도마에게 "우리가 주님을 보았다"라고 말했습니다. 그러자 도마는 "내가 직접 예수님 손에 있는 못자국을 보고, 내 손가락을 그분의 못박힌 곳에 찔러 보고, 내 손을 그의 옆구리에 넣어 보기 전에는 못 믿겠다"고 말했습니다.

26 일주일 뒤에 예수님의 제자들이 다시 그 집에 있었습니다. 이번에는 도마도 그들과 함께 있었습니다. 이때도 문은 잠겨 있었습니다. 예수님께서는 안으로 들어오셔서 그들 가운데 서서 말씀하셨습니다. "너희에게 평강이 있을지어다!"

27 그리고는 도마에게 말씀하셨습니다. "네 손가락을 여기에 찔러 보아라. 내 손을 보아라. 네 손을 내밀어 내 옆구리에 넣어 보아라. 그리고 믿지 않는 자가 되지 말고 믿는 자가 되어라."

28 도마는 예수님께 "나의 주님, 나의 하나님!"이라고 외쳤습니다.

29 예수님께서 도마에게 말씀하셨습니다. "너는 나를 보았기 때문에 믿느냐? 나를 보지 않고 믿는 사람들은 복이 있다."

이 책을 기록한 목적

Jesus Appears to Thomas

24 Now Thomas (also known as Didymus), one of the Twelve, was not with the disciples when Jesus came.

25 So the other disciples told him, "We have seen the Lord!" But he said to them, "Unless I see the nail marks in his hands and put my finger where the nails were, and put my hand into his side, I will not believe."

26 A week later his disciples were in the house again, and Thomas was with them. Though the doors were locked, Jesus came and stood among them and said, "Peace be with you!"

27 Then he said to Thomas, "Put your finger here; see my hands. Reach out your hand and put it into my side. Stop doubting and believe."

28 Thomas said to him, "My Lord and my God!"

29 Then Jesus told him, "Because you have seen me, you have believed; blessed are those who have not seen and yet have believed."

The Purpose of John's Gospel

30 Jesus performed many other signs in the presence of his disciples, which are not

---

24 **known as:** …로 알려진
25 **unless** [ənlés] …하지 않으면
   nail [neil] 못
   mark [ma:rk] 자국
   finger [fíŋgər] 손가락
   side [said] 옆구리, 허구리
26 **though** [ðou] …이지만, …하나
   lock [lak] 잠그다, 닫다

among [əmʌ́ŋ] 사이에
peace [pi:s] 평화, 평온
27 **reach out:** 손을 뻗다, 접근하다
   doubt [daut] 의심하다, 믿지 않다
29 **bless** [bles] 축복하다
30 **perform** [pərfɔ́:rm] 수행하다, 실행하다
   sign [sain] 표시, 기적
   presence [prézns] 바로 곁, 면전

Jesus Appears to Thomas

24

25

26

27

28

29

The Purpose of John's Gospel

30

30 예수님께서는 제자들이 있는 곳에서 이 책에 기록되지 않은 다른 표적도 많이 행하셨습니다.

31 그런데도 이 책에 있는 표적들을 기록한 것은 여러분들로 하여금 예수님께서 하나님의 아들 그리스도이심을 믿게 하고, 그분의 이름을 믿음으로써 생명을 얻게 하기 위해서입니다.

예수님께서 일곱 제자들에게 나타나심

21 이 일이 일어난 후, 예수님께서 디베랴 호수에서 제자들에게 다시 자신을 나타내셨습니다.

2 시몬 베드로, 디두모라는 별명을 가진 도마, 갈릴리 가나 사람 나다나엘, 세베대의 두 아들 그리고 다른 두 제자가 함께 있었습니다.

3 시몬 베드로가 다른 제자들에게 "나는 물고기 잡으러 간다"라고 말했습니다. 다른 제자들이 "우리도 너와 함께 가겠다"라고 말했습니다. 그래서 그들은 밖으로 나가서 배에 올라탔습니다. 그러나 그날 밤에는 한 마리도 잡지 못했습니다.

4 다음 날 아침 일찍, 예수님께서 호숫가에 서 계셨습니다. 그러나 제자들은 그분이 예수님이신 줄 알지 못하였습니다.

5 예수님께서 그들에게 말씀하셨습니다. "친구들이여, 한 마리도 못 잡았느냐?" 제자들이 대답했습니다. "네, 한 마리도 잡지 못했습니다."

recorded in this book.

31 But these are written that you may believe that Jesus is the Messiah, the Son of God, and that by believing you may have life in his name.

Jesus and the Miraculous Catch of Fish

21 Afterward Jesus appeared again to his disciples, by the Sea of Galilee. It happened this way:

2 Simon Peter, Thomas (also known as Didymus), Nathanael from Cana in Galilee, the sons of Zebedee, and two other disciples were together.

3 "I'm going out to fish," Simon Peter told them, and they said, "We'll go with you." So they went out and got into the boat, but that night they caught nothing.

4 Early in the morning, Jesus stood on the shore, but the disciples did not realize that it was Jesus.

5 He called out to them, "Friends, haven't you any fish?" "No," they answered.

6 He said, "Throw your net on the right side of the boat and you will find some." When

---

30 **record** [rikɔ́:rd] 기록하다, 적어두다
31 **Messiah** [misáiə] 구세주, 메시아
1 **afterward** [ǽftərwərd] 그후, 곧 이어
　appear [əpíər] 나타나다, 보이다
　disciple [disáipl] 제자
　happen [hǽpən] 일어나다, 발생하다
2 **known as:** …로 알려진
3 **go out to:** …하러 나가다

　get into: …에 들어가다
　boat [bout] 배
　nothing [nʌ́θiŋ] 아무 것
4 **early** [ə́:rli] 이른, 일찍
　shore [ʃɔ:r] 해안, 기슭
　realize [rí:əlàiz] 깨닫다, 알다
6 **throw** [θrou] 던지다
　net [net] 그물

31

Jesus and the Miraculous Catch of Fish

21

2

3

4

5

6

6 예수님께서 말씀하셨습니다. "그물을 배 오른편에 던져라. 그러면 고기를 잡을 것이다." 그들은 시키는 대로 했습니다. 그러자 고기가 너무 많아, 그물을 배 안으로 끌어올릴 수가 없었습니다.

7 예수님께서 사랑하시던 제자가 베드로에게 말했습니다. "주님이시다!" 베드로는 주님이시라는 말을 듣자마자, 벗고 있던 겉옷을 몸에 두르고는 물로 뛰어들었습니다.

8 다른 제자들은 고기가 가득한 그물을 당기며 배를 저어 호숫가에 댔습니다. 그들은 호숫가로부터 약 90미터 정도 떨어진 그리 멀지 않은 곳에 있었기 때문입니다.

9 제자들이 호숫가에 닿아 땅에 내리니 숯불이 피워져 있는 것이 보였습니다. 불 위에는 생선이 놓여 있었고, 빵도 있었습니다.

10 그때, 예수님께서 "너희가 방금 전에 잡은 생선을 가지고 오너라" 하고 말씀하셨습니다.

11 시몬 베드로가 배에 올라가 그물을 호숫가로 끌어당겼습니다. 그물은 큰 물고기로 가득했습니다. 백쉰세 마리나 되었습니다. 고기가 그렇게 많았는데도 그물은 찢어지지 않았습니다.

12 예수님께서 그들에게 "와서 아침 식사를 하여라" 하고 말씀하셨지만, 제자들은 그분이 주님이신 줄 알았기 때문에 제자들 중에 감히 "당신은 누구십

they did, they were unable to haul the net in because of the large number of fish.

7 Then the disciple whom Jesus loved said to Peter, "It is the Lord!" As soon as Simon Peter heard him say, "It is the Lord," he wrapped his outer garment around him (for he had taken it off) and jumped into the water.

8 The other disciples followed in the boat, towing the net full of fish, for they were not far from shore, about a hundred yards.

9 When they landed, they saw a fire of burning coals there with fish on it, and some bread.

10 Jesus said to them, "Bring some of the fish you have just caught."

11 So Simon Peter climbed back into the boat and dragged the net ashore. It was full of large fish, 153, but even with so many the net was not torn.

12 Jesus said to them, "Come and have breakfast." None of the disciples dared ask him, "Who are you?" They knew it was the Lord.

6 unable [ʌnéibl] …할 수 없는
haul [hɔːl] 끌어당기다, 잡아끌다
large number of: 다수의
7 as soon as: …하자마자
wrap [ræp] 싸다, 감싸다
garment [gáːrmənt] 의류, 옷
jump into: 뛰어들다
8 tow [tou] 끌다

shore [ʃɔːr] 해안, 기슭
9 burning [bə́ːrniŋ] 불타는, 타고 있는
coal [koul] 숯, 석탄
11 climb [klaim] 오르다
drag [dræg] 끌어 당기다, 끌다
ashore [əʃɔːr] 해변에, 기슭에
tear [tiər] 찢다
12 dare [dɛər] 감히 …하다

7

8

9

10

11

12

니까?"라고 묻는 사람이 없었습니다.

13 예수님께서는 가셔서 빵을 가져다가 제자들에게 주셨고, 생선도 주셨습니다.

14 이것은 예수님께서 죽은 자 가운데서 살아나신 후, 그의 제자들에게 세 번째 나타나신 것이었습니다.

예수님과 베드로

15 그들이 식사를 다 마쳤을 때, 예수님께서 시몬 베드로에게 말씀하셨습니다. "요한의 아들 시몬아, 네가 이 모든 사람들보다 나를 더 사랑하느냐?" 베드로가 대답했습니다. "예, 주님. 제가 주님을 사랑한다는 것을 주님께서 아십니다." 예수님께서 말씀하셨습니다. "내 양을 먹여라."

16 다시 예수님께서 베드로에게 말씀하셨습니다. "요한의 아들 시몬아, 네가 나를 사랑하느냐?" 베드로가 대답했습니다. "예, 주님. 제가 주님을 사랑하는 줄을 주님께서 아십니다." 예수님께서 말씀하셨습니다. "내 양을 돌보아라."

17 세 번째로 예수님께서 베드로에게 말씀하셨습니다. "요한의 아들 시몬아, 네가 나를 사랑하느냐?" 예수님께서 자기에게 세 번씩이나 "네가 나를 사랑하느냐?"고 물으셨기 때문에 베드로는 거의 울상이 되었습니다. 그리고는 예수님께 대답했습니다. "주님, 주님께서는 모든 것을 아십니다. 제

13 Jesus came, took the bread and gave it to them, and did the same with the fish.

14 This was now the third time Jesus appeared to his disciples after he was raised from the dead.

Jesus Reinstates Peter

15 When they had finished eating, Jesus said to Simon Peter, "Simon son of John, do you love me more than these?" "Yes, Lord," he said, "you know that I love you." Jesus said, "Feed my lambs."

16 Again Jesus said, "Simon son of John, do you love me?" He answered, "Yes, Lord, you know that I love you." Jesus said, "Take care of my sheep."

17 The third time he said to him, "Simon son of John, do you love me?" Peter was hurt because Jesus asked him the third time, "Do you love me?" He said, "Lord, you know all things; you know that I love you." Jesus said, "Feed my sheep.

18 Very truly I tell you, when you were younger you dressed yourself and went where you wanted; but when you are old you will

---

13 **give B to A**: A에게 B를 주다
same [seim] 같은, 똑같은
14 **appear** [əpíər] 나타나다, 보이다
disciple [disáipl] 제자
rise from: …에서 다시 살아나다
15 **finish** [fíniʃ] 마치다, 끝나다
Lord [lɔːrd] 주, 주인, 하나님
feed [fiːd] 음식을 주다, 먹이다

lamb [læm] 새끼양, 어린 양
16 **answer** [aénsər] 답하다
take care: 돌보다, 살펴보다
sheep [ʃiːp] 양
17 **hurt** [həːrt] 다치다, 상하게 하다
18 **truly** [trúːli] 진정, 진실로
younger [jʌ́ŋgər] 더 젊은, 더 어린
dress [dres] 입다

13

14

Jesus Reinstates Peter

15

16

17

18

가 주님을 사랑하는 것도 주님께서는 알고 계십니다." 예수님께서 베드로에게 말씀하셨습니다. "내 양을 먹여라.

18 내가 너에게 진리를 말한다. 네가 젊었을 때는 네 혼자 힘으로 옷도 입고 네가 원하는 곳으로 갔지만, 나이가 들게 되면 네가 팔을 벌리겠고 다른 사람이 네게 옷을 입힐 것이며, 다른 사람이 네가 원하지 않는 곳으로 너를 데려갈 것이다."

19 예수님께서 이렇게 말씀하신 것은 베드로가 어떤 죽음으로 하나님께 영광을 돌리게 될지를 보여주시려는 것이었습니다. 이 말씀을 하시고, 예수님께서는 베드로에게 "나를 따르라!"고 말씀하셨습니다.

예수님과 사랑하시는 제자

20 베드로가 뒤돌아보니, 예수님께서 사랑하시던 제자가 따라오고 있었습니다. 이 사람은 만찬에서 예수님께 몸을 기댄 채 "주님, 주님을 배반할 사람이 누구입니까?"라고 묻던 제자였습니다.

21 베드로가 그 제자를 보고는 예수님께 여쭈었습니다. "주님, 이 사람은 어떻게 되겠습니까?"

22 예수님께서 대답하셨습니다. "내가 다시 올 때까지 그가 살아있기를 원한다고 해도, 그것이 너와 무슨 상관이냐? 너는 나를 따르라!"

23 이 사건 때문에 이 제자가 죽지 않을 것이라는 소문이 형제들 사이에 퍼지

stretch out your hands, and someone else will dress you and lead you where you do not want to go."

19 Jesus said this to indicate the kind of death by which Peter would glorify God. Then he said to him, "Follow me!"

20 Peter turned and saw that the disciple whom Jesus loved was following them. (This was the one who had leaned back against Jesus at the supper and had said, "Lord, who is going to betray you?")

21 When Peter saw him, he asked, "Lord, what about him?"

22 Jesus answered, "If I want him to remain alive until I return, what is that to you? You must follow me."

23 Because of this, the rumor spread among the believers that this disciple would not die. But Jesus did not say that he would not die; he only said, "If I want him to remain alive until I return, what is that to you?"

24 This is the disciple who testifies to these things and who wrote them down. We

---

18 **stretch out one's hand**: 손을 뻗다
   lead [liːd] 이끌다
19 **indicate** [índikèit] 가리키다, 나타내다
   kind of: 어떤 종류의
20 **turn** [təːrn] 돌다, 회전하다
   lean [liːn] 기대다
   against [əgénst] …에 기대어, …에 갖다대어
   supper [sʌ́pər] 만찬, 저녁 식사

   betray [bitréi] 배반하다, 배신하다
22 **remain** [riméin] 머무르다, 남다
   alive [əláiv] 살아 있는, 살아서
   until [əntíl] …할 때까지
   return [ritəːrn] 돌아오다
23 **rumor** [rúːmər] 유언비어, 소문
   spread [spred] 퍼지다, 확산되다
24 **testify** [téstəfài] 증언하다, 증명하다

19

20

21

22

23

24

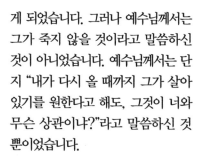

게 되었습니다. 그러나 예수님께서는 그가 죽지 않을 것이라고 말씀하신 것이 아니었습니다. 예수님께서는 단지 "내가 다시 올 때까지 그가 살아 있기를 원한다고 해도, 그것이 너와 무슨 상관이냐?"라고 말씀하신 것 뿐이었습니다.

24 이런 일들을 증언하고, 그것을 기록한 제자가 바로 이 사람입니다. 우리는 그의 증언이 참되다는 것을 알고 있습니다.

결론

25 이 외에도 예수님께서 행하신 다른 일은 많이 있습니다. 만일 그 일을 일일이 다 기록한다면 온 세상이라도 그것을 기록한 책을 담기에 부족할 것입니다.

know that his testimony is true.

25 Jesus did many other things as well. If every one of them were written down, I suppose that even the whole world would not have room for the books that would be written.

---

24 **testimony** [téstəmòuni] 증언
25 **as well:** …도 또한, 마찬가지로
write down: …을 적어 두다

suppose [səpóuz] 생각하다, 가정하다
even [íːvən] …라도, …조차도
whole [houl] 전체, 전부

25

영어 성경
요한복음 쓰기

펴낸날	초판 1쇄 발행 2019년 9월 16일
	초판 7쇄 발행 2024년 8월 1일
엮은이	아가페 편집부
펴낸이	곽성종
펴낸곳	(주)아가페출판사
등록	제21-754호(1995년 4월 12일)
편집	손정민
표지 디자인	김찬양
본문 디자인	DESIGN 지온
주소	(08806) 서울시 관악구 남부순환로 2082-33(남현동)
전화	584-4835(본사), 522-5148(편집부)
팩스	586-3078(본사), 586-3088(편집부)
홈페이지	www.agape25.com
판권	ⓒ(주)아가페출판사 2019

ISBN   978-89-537-9627-0 (04230)
       978-89-537-9624-9 (세트)

아가페 출판사

아가페 필사&쓰기 전용펜

필사&쓰기성경®에 왜 전용펜을 사용해야 할까요?

1. 잉크의 뭉침이 없는 깨끗한 필기감
2. 쓸수록 종이가 부푸는 현상 방지
3. 종이끼리 붙지 않아 오랫동안 보관 가능
4. 물기로 인한 글자 훼손 방지

일반용

* 신약성경의
예수님 말씀은
빨간색 펜을
사용하세요.

중용량

일반 필사&쓰기성경 전용펜 A5 (검정/빨강)   값 900원
일반 필사&쓰기성경 전용펜 A5 (검정/빨강-1박스/12자루) 값 10,800원

필사&쓰기 전용펜 (고급) (블랙/투명)   값 1,600원
필사&쓰기 전용펜 (고급) (블랙/투명-1박스/12자루) 값 19,200원

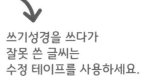

쓰기성경을 쓰다가
잘못 쓴 글씨는
수정 테이프를 사용하세요.

아가페 수정 테이프 (본품+리필) (블루/핑크)   값 3,500원